5분의 혁명

감정기폼

KB057232

셀프헬프 "나다움을 찾아가는 힘"
self·help 사람들은 흔히, 지금의 내가 어제의 나와 같은 사람이라고 생각한다. 이것만큼 큰 착각이 또 있을까? 사람은
시리즈 매 순간 달라진다. 1분이 지나면 1분의 변화가, 1시간이 지나면 1시간의 변화가 쌓이는 게 사람이다. 보고
듣고 냄새 맡고 말하고 만지고 느끼면서 사람의 몸과 마음은 수시로 변한다. 그러니까 오늘의 나는 어제의
나와는 전혀 다른 사람이다. 셀프헬프self·help 시리즈를 통해 매 순간 새로워지는 나 자신을 발견하길 바란다.

셀프헬프
self·help
시리즈⓲

5분의 혁명 감정리폼
오만가지 생각과 마음 정리의 기술

초판 1쇄 발행 2021년 8월 31일

지은이. 김현숙
발행. 김태영

도서출판 씽크스마트
서울특별시 마포구 토정로 222(신수동) 한국출판콘텐츠센터 401호
전화. 02-323-5609 / 070-8836-8837
팩스. 02-337-5608
메일. kty0651@hanmail.net

씽크스마트·더 큰 세상으로 통하는 길
도서출판 사이다·사람과 사람을 이어주는 다리

도서출판 사이다
사람의 가치를 밝히며 서로가 서로의 삶을 세워주는 세상을 만드는 데 필요한
사람과 사람을 이어주는 다리의 줄임말이며 씽크스마트의 임프린트입니다.

ISBN 978-89-6529-283-8 (03320)
15,000원

5분의 혁명

감정리폼

김현숙 지음

감정경영 교과서이다

이 책은 경영학 박사이며 세계적으로 인정받는 마스터코치(MCC)가 코칭과 심뇌과학을 접목한 감정경영 교과서이다. 저자의 감정리폼(REFORM) 프로세스는 코로나 시대 많은 사람들이 겪고 있는 다양한 감정을 조화롭게 조율할 수 있는 노하우를 알려준다. 최적의 상태로 감정을 유지하고 자신의 잠재력을 끌어내어 조직에서 중추적인 역할을 하기를 원하는 리더와 임원, 스스로의 생각과 감정을 돌아보아 삶의 질을 업그레이드하는 과학적 프로세스를 배우기를 원하는 분들에게 추천한다.

참케어 인재전략 연구원 원장 **윤재병**

나 자신이 원하는 것을 발견하는 열쇠

이제까지 감정은 드러내지 말아야 할 것, 블랙박스에 담겨 있어서 정확히 이해하기 어려운 것으로 생각되었다. 그러나 이 책은 다르다. 감정은 우리의 현재 상태를 알려주는 나침반이며 진정으로 나 자신이 원하는 것을 발견하는 열쇠라는 것이다.

매일 감정의 소용돌이에서 어찌할 바를 몰라 힘들어하고 있는가? 내 삶에 변화가 필요하다고 느끼는가? 그렇다면 이 책에 그 답이 있다. 마스터코치(MCC)가 바로 당신의 코치가 되어 6단계의 '감정리폼'을 통해 자신의 감정을 인지하고, 악순환을 끊고 바람직한 습관을 형성함으로써 당신이 진정 원하는 삶으로 나아갈 수 있도록 친절히 안내해 줄 것이다. 감정리폼, 단 5분의 멈춤만으로도 당신의 삶에 기적이 일어날 수 있다!

비거게임 리더십 코치 및 한동대학교 비거게임리더십 강사 **이민지**

이 시대에 맞는 근본적인 변혁을 꿈꾸는 분에게

나의 코치 김현숙 박사가 오랫동안 여러 사람들과 나누고 싶어 하던 '새로운 스킬 셋'을 출간하여 너무나 반갑다. 그동안 김현숙 코치의 도움으로 더 나은 나, 더 나은 리더십을 만들었다. 이 책은 좋아했다가 싫어했다가, 실망했다가 좌절했다가 다시 기뻐하는 등, 감정의 변화가 심해서 사람들간의 관계와 리더십의 문제를 느껴온 분들을 위한 책이다. 이 책은 독자 여러분이 스스로의 감정을 읽고 감정을 리폼해 나가는 길을 보여줄 것이다.

이 시대에 맞는 근본적인 변혁을 꿈꾸는 분이라면, 감정리폼을 통해서 변화를 이루어가는 기쁨을 누리시기를 바란다.

㈜지비라이트 팀장 **신연경**

옷처럼 리폼될 수 있다는 가르침

팔팔 끓어오른 주전자처럼 뚜껑이 자꾸 열리는 내게 찬물을 부어주고 열을 식혀준 책이다. 감정도 잘 맞게 조절하면 옷처럼 리폼될 수 있다는 가르침, 6개월 동안 코칭받았던 그 지혜가 이 책에 오롯이 녹아 있다. 실시간으로 자기경영을 해야 하는 고독한 리더들에게 꼭 추천하고 싶다.

입소스코리아 연구본부장 김연미

나 자신을 리폼하게 해주는 책을

30년의 회사생활을 되돌아보며, 긍정의 마인드로 나 자신을 리폼하게 해주는 책을 소개하고자 한다. 자신의 내면에서 보내오는 진정한 메시지에 귀를 기울이고, 고요한 마음의 눈으로 감정을 리폼하게 되면, 지나온 삶에 대한 후회보다 앞으로의 삶에 대한 기대감이 훨씬 더 높아질 것이다. 특히 치열한 경쟁과 세대간의 시각차이로 갈등이 심화되고 있는 삶의 현장에서, 각자의 위치에서 서로의 눈높이에 맞게 문제를 해결해 나갈 수 있는 혜안을 얻을 수 있는 필독서로 추천드리는 바이다.

미래에셋증권 VIP솔루션본부 이사 안병국

가장 위대한 여행의 시작

일상을 살아가면서 평화로운 감정을 유지하는 것은 내면의 에너지 관리 면에서도 매우 중요하다. 저자는 내면의 에너지를 관리하는 지혜를 구하는 방법을 구체적으로 안내하는 새로운 코칭 패러다임을 제시하고 있다. 그는 마스터 코치(MCC)답게 코칭적으로 접근하면서도, 그 기초가 되는 과학 이론을 접목시키고 있다.

그는 감정과의 5분 데이트를 통해서 감정을 리폼할 수 있음을 제시하면서, 이를 통해 끊임없는 성장과 변화를 일으킬 수 있다고 말한다. 영성이라고 하는 추상적인 개념도 물리적인 과학으로 설명한다. 영성을 뇌와 심뇌, 그리고 에고(human)와 존재(being)의 이분법을 초월한 모습으로 묘사하면서, 이를 구현할 수 있는 특별하고도 구체적인 방법을 제시하고 있다.

나는 이 책을 읽으면서 수십 년 동안 살아오면서 켜켜이 쌓인 감정을 리폼하여, 그 두꺼운 껍질과 관성을 뚫고 새로운 패턴의 감정의 옷을 입을 수 있기를 기대하게 되었다. 이 책을 읽는 독자들이 감정리폼의 안내를 따라 자기 자신으로부터 시작되는 가장 위대한 여행을 시작하기 바란다.

'한국 최초의 MCC' 국민대 겸임교수 **박창규**

이 책은 모든 리더들의 필독서이다

조직을 성공적으로 이끄는 리더들에게 가장 필요한 것은 마음을 다스리는 일이다. 스스로의 마음을 다스리는 것과 조직 구성원들의 마음을 움직이게 하는 것은 어떤 경영이론이나 경영기법보다 중요하다. 마음을 다스리는 것은 곧 자신의 감정을 다스리는 일이다.

오랫동안 비즈니스 코치로 활약해온 김현숙 박사가 자신의 감정을 다스리고자 하는 모든 리더들에게 훌륭한 방법을 제시하고 있다. 바로 감정리폼이다. 감정리폼은 감정의 주인인 나에게 꼭 필요한 메시지를 전달해주는 전령인 감정을 알아차리고, 그 감정 안에 숨어있는 지혜의 선물을 받는 것을 말한다. 감정리폼의 프로세스와 사례, 그리고 함께 사용할 수 있는 도구까지 상세하게 조언해주고 있는 이 책은 모든 리더들의 필독서이다.

비즈니스 전문 코치, 前) 한국투자증권 상무 **이성주**

감정을 효율적으로 다루게 도와주기

감정은 누구나 느낄 수 있다. 하지만 감정을 알아차리고, 분석하고, 변화시키는 것에 익숙한 사람은 드물다. 그래서 삶이 힘들어질 때 사람은 감정의 바다에 맨몸으로 내버려져서 상처받고 지치게 된다. 이런 이유로 내 진료실 안에서 이뤄지는 대화의 대부분이 감정에 관한 것이다. 자신의 감정을 알아차리고 변화시키는 것에 능해져야 진정으로 치유받을 수 있다.

우리의 삶은 선택할 수 없는 영역이 많다. 따라서 언제 감정의 바다에 내던져질지 모른다. 〈5분의 혁명 감정리폼〉은 이런 감정을 효율적으로 다루게 도와주고, 감정의 바다 위에서도 평온함을 갖게 해줄 것이다.

정신건강의학 전문의, 삼성마음숲 원장 김재옥

조직의 탁월한 성과를 원하는 경영자

조직 구성원의 무의식에 잠재되어 있는 무한한 에너지(힘)를 어떻게 조직 행동으로 이끌어내고 성과와 연계시킬 것인가? 이 시대의 리더들이 가진 중요한 화두입니다. 기업에서는 이를 위해 수평적 조직문화 구축, 제도/시스템 개선 등의 다양한 방법으로 변화를 모색하고 있지만, 여전히 근원적 변화(Deep Change)를 이끌어내지 못하고 있다. 이 책의 저자는 그동안 조직 내에서 터부시되어 온 "감정"이 개인의 잠재력을 조직의 성과로 전환시켜주는 황금 열쇠라는 사실을 뇌과학을 통해 명쾌하게 설명해 주고 있다.

Digital Transformation 시대, 조직의 리더들이 코치의 모자를 쓰고 감정리폼이라는 과학적 방법을 통해 감정 경영을 해 나갈 때, 조직 구성원들의 고유한 잠재 역량이 발현되고 다양성과 협력을 통한 집단지성 발현이라는 포용성의 역설이 실현될 것이라는 통찰을 제시해 줍니다. 조직의 탁월한 성과를 원하는 경영자와 리더들의 필독서이다.

LG인화원 책임 김웅배

무기력이나 우울에 빠져 고통받는 분들에게

우리는 매일 반복되는 삶과 힘겨운 인간관계 속에서 부정적인 감정에 사로잡히는 경우가 많다. 특히 연속적인 실패나 주변사람들의 비난이 반복될 경우, 부정적인 자아상이 쉽게 고착화되어 우울감과 무력감이 잠재의식에 늘 머물게 된다. 이런 감정은 우리의 사고를 지배하고 모든 행동에 영향을 준다. 더 나아가서 습관으로 정착되면 자신도 모르는 사이에 인생을 잘못된 곳으로 이끄는 이정표가 될 수 있다.

나는 이 책을 읽는 동안, 최근에 아버지가 돌아가셔서 생겨난 우울함과 무기력에 빠진 나 자신을 발견할 수 있었다. 나는 가만히 감정을 들여다 보고 공감한 후, 내가 진정으로 원하는 모습이 무엇인지 알아내기위해 노력했다. 그러자 부정적인 감정에서 서서히 벗어날 수 있었다. 나처럼 무기력이나 우울에 빠져 고통받는 분들과, 그런 모습을 바꾸기를 간절히 원하는 분들에게 이 책을 감히 추천한다.

에쓰-오일 주식회사 판매기획팀 차장 김도형

기적 같은 활기찬 삶을 찾기를

전대미문의 불확실하고, 숨막히게 빠르게 돌아가는 이 코로나 시절에, 감정 때문에 힘들고 지쳐 있는 많은 분들이 희망의 빛을 찾을 수 있도록 안내해줄 구세주 같은 책이 나왔다. 여러 가지 복잡한 감정이 엮여 있어서 해결하기가 정말 힘들고, 그래서 포기하고 모른척하고 밀쳐 놓았던 난제들로부터 스스로 해결책을 찾을 수 있는 테크닉을 제시하고 있다.

감성지능 분야의 전문가이며, 뇌과학을 깊이 이해하고 계신 김현숙 박사 본인 스스로의 경험과 코칭, 그리고 그에 따른 고객들의 변화를 통해서 효과가 검증된 '감정리폼' 이라는 과학적이고 혁신적인 R-E-F-O-R-M 이라는 6 단계의 프로세스 덕분에, 감정 안에 숨겨진 보물을 채굴하여 해결 불가능했던 난제들이 해결되고, 활력이 넘치는 삶, 상상치 못했던 풍성한 삶이 펼쳐지는 기적을 경험할 수 있었다.

코로나 시기에 정신적, 육체적으로 힘들어하는 분들이 매일 5분 동안 자신의 감정과 만나고, 기적 같은 활기찬 삶을 찾기를 기원하며 감정리폼 책을 강력히 추천한다.

몬시멘트 최고기술경영자 이정수

이성과 감성 모두를 아우르는 조직 개발

조직 구성원의 성장을 통해 회사의 성장에 기여하는 일은 언제나 가슴 뛰는 일이다. 나는 이 분야의 전문가로 자처하며 다양한 프로젝트를 리드해왔고 괄목할 만할 성과도 냈다. 그런데 최근 MZ 세대가 조직의 주류가 되어가고, 주 52시간 근무, 코로나19로 인한 재택근무의 확대 등 다양한 업무 환경의 변화로 인해서 기존의 조직개발 이론과 Tool에 대해 한계를 느끼고 있었다. 그런 혼란스러운 시기에 김현숙 박사님의 '감정경영'을 만나게 되었다.

그간 조직원의 잠재력 개발을 이성적인 부분에만 한정해왔다는 깨달음과 함께, 뇌과학을 기반으로 한 '감정 REFORM'이 명쾌하게 다가왔다. 이 책이 조직의 리더들에게 많은 도움이 될 것이라고 생각한다. 이성과 감성 모두를 아우르는 조직 개발을 원하는 HRDer들에게 추천한다.

㈜한독 조직개발 담당 상무 **김은주**

"자신에게 필요한 화학물질을 신체에 분비하는 방법"

코로나 바이러스의 등장은 단순한 질병의 문제를 넘어 삶의 방식을 바꾸어 놓았다. 부정적이고 비관적인 생각들이 타인과 세상에 대한 분노로 표출되기까지 한다. 사람들이 왜 이렇게 반응하는지에 대해 돌아볼 여유조차 없으며, 객관적으로 자신을 돌아볼 기회도 갖기 힘들다.

최근 대인관계에서 몇 번이나 어려움을 겪고 나니, 나와 상대방의 감정을 읽고 대응하는 훈련이 부족했고, 따라서 배움이 필요하다는 것을 느끼게 되었다. 특별한 가족워크샵을 저자와 함께 진행할 기회가 있었는데 가족 구성원 모두가 새로운 자아를 발견하고 삶의 목표를 구체화할 수 있었던 소중한 시간이었다. 그때 이 책의 내용 중에 몇 가지를 체험할 수 있었다. 그것은 참으로 귀한 체험이었다.

소아청소년과 의사로서 30년 정도 살아오면서, 단순한 지식의 응용 또는 전달보다 환자와 보호자의 마음을 알아주는 것이 치료에 더 중요할 때가 많다는 것을 느껴 왔다. 감정리폼의 연습으로 서로의 마음에 다가갈 수 있을 것 같다.

이 책에서 말하는 감정경영, 감정리폼 등의 익숙하지 않은 말들 속에 해답이 있다고 생각한다. 지금의 삶이 너무 감당하기 어렵고 막막하고 답답하다면 이 책에서 제시하는 방법들을 시도해 보기를 추천한다. 그래서 "자신에게 필요한 화학물질을 신체에 분비하는 방법"을 터득하기를 바란다.

한양대학교병원 소아청소년과 교수 **양 승**

뇌과학적으로 자세히 설명한 생각과 감정의 메커니즘

내가 찾던 바로 그 책이다. 난 책을 펼치자마자 무엇에 홀린 듯이 단 몇 시간 만에 읽었다. 그 이유는 풍성하고 생생한 자신의 스토리와 그 안의 숨겨진 감정이 고스란히 느껴졌고, 그것을 뇌과학적으로 자세히 설명해 주었기 때문이다. 과연 우리는 얼마나 자신의 감정을 챙기며 살고 있을까?

1.4kg밖에 안 되는 뇌는 깜깜한 암실에 들어앉아 외부세계를 지각해서 각종 명령을 내린다. 그런데 그 과정이 매우 비합리적이고 변동성도 높다. 마치 벌과 나비가 춤추는 카오스처럼 말이다. 그 이유 중 하나는 마음과 감정의 메커니즘에 있다. 그래서 우리 자신을 진정으로 이해하려면 감정을 들여다봐야 한다는 저자의 말에 주목할 필요가 있다.

나는 모든 사람이 저자가 제시한 '감정 REFORM'을 통해서 진정한 나에 대해 이해하기를 바란다. 코로나 시대에 방향을 잃고 헤매는 많은 분들이 저자와 함께 멋진 여행을 떠나기를 강추드린다. 내 안의 복잡한 감정을 매일 단 5분의 REFORM을 통해, 놀라운 유레카의 경지를 경험하고 오래 품고 있던 꿈과 가치를 실현하기를 소망한다.

문화학 박사 및 라이프 코치 **박선나**

새로운 가능성의 발견

위대한 도전을 가능하게 해주는 5분의 혁명, 감정리폼! 이 책은 제대로 처리되지 않은 감정에 의해 만들어진 신념이 나와 타인, 그리고 조직의 가능성과 가치를 놓치게 할 수 있다는 것을 깨닫게 해주었다. 감정리폼은 비밀의 문 안쪽에 숨겨진 우리의 가능성을 발견하게 해주는 열쇠이다. 저자가 친절하게 안내해 주는 감정리폼의 프로세스에 따라 내면의 자신과 만나보길 권한다. 그러면 그동안 자신을 사로잡았던 부정적인 에너지는 희미해지고, 그 자리에 새로운 가능성이 움트는 것을 발견하게 될 것이다.

㈜코리아나바이오 마케팅 사업부 상품개발팀 팀장 **박은선**

사례를 통해 감정리폼을 쉽게 이해하고

그렇다. 십수 년 동안의 직장생활을 통해 깨달은 것이 있다면 대중가요의 한 구절처럼 내 속에는 나도 모르는 내가 너무나 많다는 것이었다. 때로는 나도 이해할 수 없는 말이 내 입밖으로 튀어나와 곤란한 상황으로 몰아갈 때도 있었고, 때로는 나의 의지와 관계없이 분노가 표출되어 누군가의 마음을 상하게 하는 일도 있었다. 그러한 상황을 맞닥뜨리면 평소와 같지 않은 내 모습에 나 스스로에게 실망하고 좌절하기도 했다. 과연 나란 존재는 어떤 존재인가? 진짜 나는 누구인가? 이 책은 그러한 나의 진짜 모습을 찾아가는 실마리를 알려주는 '지침서'와도 같은 책이다.

오만가지 생각과 감정들이 스쳐 지나가는 하루의 일상 가운데에서, 저자는 감정에 머물러 있지 말고 그것을 관찰하라고 가르쳐준다. 이것은 나에게 실로 놀라운 가르침이었다. 언제나 나에게 찾아온 감정을 온몸으로 받아들이고 그것에 반응하고 동조하였을 뿐, 그것이 나에게 왜 찾아왔는지 이해하고, 그것을 어떻게 극복 내지 활용할 것인지에 대해서는 생각해보려 하지 않았다.

저자는 여느 자기계발서와는 다르게 직장생활에서는 터부시되는 감정에 대해 실제적인 감정리폼의 방법을 제시하며, 사례를 통해 감정리폼을 쉽게 이해하고 접근할 수 있도록 가이드를 제시해 주었다. 잠깐의 경험이었지만 감정리폼을 통해서 나의 내면과 만날 수 있었다. 그것은 생소한, 하지만 너무나 솔직한 나를 만나는 가슴 떨리는 경험이었다. 이 경험을 통해 앞으로도 지속될 감정리폼은 나의 삶을 변화시킬 획기적인 도구가 될 것이라 확신하게 되었다.

이 책을 통해 여러분도 솔직한 자신을 만나는 가슴 떨리는 여정에 동행하기를 바란다.

두산 디지털이노베이션 전략팀 과장 이강우

스트레스가 많고 신체적, 감정적 에너지소진이 많은 직군을 위한 감정리폼

"뇌와 심장"이라는 단어 자체가 내 95%의 무의식을 자극했다. 12년차 중환자실 간호사로서 뇌(Neurology) 파트에 이어 심장(Cardiology) 파트에서 근무하고 있기 때문이다.

누구보다 감정리폼이 필요한 직군 중 하나가 바로 간호사라고 생각한다. 전문성을 바탕으로 사고하고, 비일비재한 응급상황에서 빠른 판단으로 다양한 부서와 의료진 직군들, 환자와 보호자 등의 이해관계자들

속에서 중심을 잡아야 하기 때문이다. 그만큼 스트레스가 많고 신체적, 감정적 소진이 많을 수 밖에 없다.

상당수의 간호사들에게는 이미 에너지도 부족한 상태여서, 감정을 경영한다는 것 자체가 어렵게 느껴질 수도 있다. 하지만 감정리폼의 징검다리를 건너는 동안 셀프경영이 가능하다. Critical care에 있어 Evidence를 중요시하는 간호사들에게, 혹은 감성 지능이 무시당하거나 소홀히 여겨지는 의료계에 종사하는 전문가에게 뇌과학 기반으로 만들어진 '감정리폼'은 매우 강력할 것이다!

삼성서울병원 심장내과중환자실 책임간호사 김선영

자신의 감정을 돌아보길

바쁜 현대인들은 영성에 목마르다. 자기를 돌아보는 시간도 필요하다. 이 책의 저자는 감정의 양면성을 잠재력 발현의 촉진제 또는 방해요인으로서 규정하고, 뇌과학을 기반으로 감정의 양극을 명쾌하게 설명하고 있다. 또한 "감정리폼"이라는 과학적 방법을 통해 불필요한 감정은 걷어내고, 긍정적 감정은 강화함으로써, 나의 무의식 속에 존재하는 무한한 에너지를 이끌어내는 방법을 친절히 알려주고 있다. 지친 현대인들이 감정리폼을 통해서 자신의 감정을 돌아보길 추천한다.

위스테이별내사회적협동조합 이사장 손병기

생활 현장에서 감정의 관리를 적용 가능한 스킬

오랜 시간 동안 인간의 감정은 그 가치가 저평가되어 왔다. 과학적 연구방법이 지식인들의 표준이 되고 합리적 조직관리가 모든 공식적 관계의 표준이 되었던 20세기에는 자신의 감정을 억제하고 합리적인 모습을 보이는 것이 미덕으로 여겨졌다. 감정은 사람들의 행복과 불행의 주요한 요소이지만, 눈에 보이지도 않고 감정의 본질에 대해서 잘 모르기 때문에, 섣불리 건드리기에는 두려운 대상이기도 했다. 하지만 인간 행동의 본질에 대한 핵심적인 정보를 가지고 있는 감정은 인류에게 하나의 숙명적 과제이다. 따라서 최근 들어서 감정의 가치와 본질에 대한 탐구가 활발하게 이루어지고 있다.

이 책은 인류가 그동안 소홀히 해왔던 감정에 대한 이해를 위한 다양한 접근과 노력의 결과물들 중 하나이다. 살아가면서 겪게 되는 다양한 감정적 불편을 편안함으로 바꿀 수 있도록, 자신과 타인의 감정을 직시하고 자신의 감정을 적응적으로 표현하는 방법을 쉽고 체계적으로 가르쳐준다. 또한 건강, 커리어, 관계, 비즈니스 등 우리가 매일 접하는 생활 현장에서 감정의 관리를 위해 적용 가능한 효과적인 기술을 사례를 통해서 알려주기도 한다. 이 책은 연구자, 컨설턴트, 상담가, 코치 등의 현장 실무자들뿐만 아니라, 감정적으로 윤택한 삶을 살아가길 원하는 모든 사람들에게 매우 유용할 것이다.

가톨릭대학교 심리학과 교수 **정승철**

감정의 근원에서 진정한 나를 발견하고 원하는 삶 찾기

다이어트에 실패한 당신, 의지박약에 무능력하다고 자책하고 있는가? 쇼핑 중독에서 탈출한다는 말을 되뇌지만, 매달 불필요한 지출로 점철된 카드명세서에 늘 좌절하고 있는가? 습관화된 충동적 행동에 대한 답은 감정리폼에 있다. 바람직하지 못한 행동을 원망하는 악순환의 고리를 끊기 위해서는 지금 이 순간의 감정 상태를 이해하고, 바람직한 상태로 습관을 재설계할 필요가 있다. 이 책은 실용적이고 친절한 안내서다. 감정리폼의 징검다리를 건너면, 어느새 진정한 나를 발견하고 원하는 삶에 한 발자국 더 가까워진 것을 느낄 수 있을 것이다.

동화기업 조직개발 차장 **김정연**

리더를 위한 실전 지침서

코로나가 길어짐에 따라 리더들의 고민도 깊어지고 있다. 구성원들과의 대화가 온라인 중심으로 바뀌면서, 서로를 이해하지 못한 채로 부정적인 감정이 심화되는 바람에 관계가 어긋나는 일이 잦기 때문이다.

깨어진 신뢰관계는 성과를 저해한다. 어려움을 호소하는 리더들이 늘 수밖에 없다. 구성원들과 좋은 관계를 형성하기 위해서는 먼저 자신과 상대방의 감정을 이해해야 한다. 밀려오는 감정 속에 담긴 선물을 찾아낼 수만 있다면, 리더의 고민은 자연히 해결될 것이다. 이 책은 이 시대의 리더들에게 감정 경영의 중요성과 구체적인 실천 방법을 제시하고 있다. 구성원과의 신뢰관계를 바탕으로 성과를 달성하고 싶어하는 리더를 위한 실전 지침서라고 할 수 있는 것이다.

비즈니스 전문 코치, 前) 푸르덴셜생명 및 KB생명 임원 **김정환**

무의식의 변화를 일으키는 '감정리폼'

직장생활을 하다 보면 인간관계의 매듭이 얽히는 경험을 한 번 이상은 하게 된다. 나의 잘못도, 상대방의 잘못도 아닌데도 그렇다. 이런 경우는 살아오면서 형성된 감정습관 때문일 가능성이 크다. 기존의 어떤 해법도 이러한 상황을 해소하지 못했다. 그래서 결국 퇴사하는 사람도 많았다.

하지만 이제는 다르다. 이러한 답답한 상황을 해결할 수 있는 가이드가 생겼기 때문이다. 바로 이 책에서 제시하는 무의식의 변화를 일으키는 '감정리폼'이다.

직장생활에서 얽힌 인간관계의 매듭을 근원적으로 풀 수 있는 해법을 찾고 있는 분들에게 추천한다.

조직심리 전문, 前) 대기업 그룹연수원 부장 **정춘화**

조직 내 갈등의 원인과 해법이 대부분 감정에 있다

회사 조직 내에는 다양한 연령대의 사람이 있어 세대간의 인식, 가치관 등 차이가 있다. 이로 인해 조직의 수장은 커뮤니케이션, 갈등관리와 리더십에 대해 고민하게 된다. 상하간에, 수평간에 서로의 감정을 이해하지 못해서 많은 비효율이 발생한다.

이 책을 통해 이러한 조직 내 갈등의 원인과 해법이 대부분 감정에 있음을 알게 되었다. 저자는 이 책에서 뇌과학, 심리학, 양자물리학, 리더십, 코칭 등의 관점에서 감정을 어떻게 이해하고 활용해야 하는지를 쉽게 이야기해준다. 경영학 박사로서 타인과의 관계뿐 아니라, 자신의 감정까지 경영할 수 있는 해법을 제시하고 있다. 회사의 조직장들에게 일독을 권하고 싶다.

GS칼텍스 강원지사 부장 **여태옥**

내 자신의 내면 감정을 리폼

감정리폼이 가능할까?라는 의문을 가지고 읽기 시작했다. 자신의 삶을 제한하는 신념들을 보는 순간에 "감정도 훈련을 통해 보다 풍요로운 삶을 영위 할 수 있게 해줄 수 있겠구나"라는 생각의 전환점이 되어준 책이다.

언택트를 끝내고 평범한 일상으로의 회귀가 간절한 요즘, 내 자신의 내면의 감정을 리폼하는 연습과 신념을 전환하는 연습을 할 수 있도록 구체적인 스킬을 알려주고 있다.

SK 브로드밴드 매니저 정소기

평화와 안식을 주었다

35년 동안 쉼 없는 조직생활을 해오며, 여전히 성과, 관계, 승진, 일 등에서 갈등하고 방황하며 일과 삶을 영위해왔다. 그러나 이 책을 통해 감정과 의식을 일깨우고 감정리폼의 6단계의 징검다리를 하나씩 건널 때, 비로소 내면 깊은 곳에 있는 나의 존재가 성장의 에너지로 발휘되고 있음을 느낄 수 있었다.

조직에서뿐만 아니라 삶에서 일어날 수 있는 다양한 사례와, 이를 직접 실습할 수 있는 감정리폼의 각 단계는, 그저 따라했을 뿐임에도 평화와 안식을 주었고, 온전한 나 자신을 알아차릴 수 있게 해주었다.

KT 오종희

건강, 커리어, 관계, 성공적 비즈니스 등 쟁취

사람이 모여 사회를 이룬다. 개인은 그 사회 속에서 살아간다. 현대사회에서는 각자의 능력과 노력에 따라 원하는 바를 성취할 가능성이 달라지며, 그 방법은 아주 다양하다. 이 책은 자신의 꿈과 가치를 실현하기 위해서 감정을 리폼하는 방법을 주제로 한다.

혼히 감정은 이성보다 수준이 낮다고 말한다. 그러나 사람은 일상이나 중대사를 감정에 따라 결정하는 경우가 많다. 그러므로 감정을 잘 다루는 것은 개인의 가치를 높이고, 사회에서 원하는 바를 얻을 가능성을 크게 높여 준다. 감정리폼을 훈련하여 자기 자신을 경영함으로써, 건강, 커리어, 관계, 성공적 비즈니스 등을 쟁취할 수 있는 길에 독자 여러분들과 동행했으면 한다.

연세대학교 의학교육학 교수 **예병일**

감정이란 파워풀한 에너지를 유용한 곳에 사용하고 싶은 독자를 위하여

일반적으로 긍정감정은 긍정행동을 유도하고, 부정감정은 부정행동을 유도한다. 저자는 뇌과학 분야의 깊은 지식을 바탕으로 감정을 리폼하는 방법을 과학적기반으로 구체적으로 안내하여 지금의 감정을 확인하고, 공감하고, 이해하고, 그렇게 함으로써 좋지 않은 습관에서 벗어나 행복과 성장에 도움이되는 대안으로 패턴을 바꿀 수 있도록 안내한다.

감정이란 파워풀한 에너지를 유용한 곳에 사용하고 싶은 모든 분들께 일독을 권하고 싶다.

공기업 실장 **석봉준**

● 프롤로그

진짜 나를 마주하는 비밀의 문 앞에 선 당신에게

삶의 고난속에서 가슴을 닫고 사는 우리들이 자신을 규정한 한계로부터 자유롭고 삶의 힘을 찾을 수 있는 유일한 길은 내면에 머물러 진자아(True self)를 관찰할 수 있을때이다

에크하르트 톨레, 철학가, '현존의 힘'저자

코로나가 시작된 이후 수많은 사람들이 묵직한 슬픔을 안고 살아가고 있다. 저마다 상실감에 빠져 분노와 혼란, 좌절, 우울 등을 느끼고 있다. 코로나 이후 급변하는 환경에 어떻게 적응할 것인지는 고사하고, 개인의 감정을 추스르는 것조차 버거워하고 있는 것이다.

그래서 이제는 많은 사람들이 깨닫고 있다. 감정을 적극적으로 해석하고 조절해야 한다는 사실을 말이다. 다양한 감정들을 조화롭게 조율하기 위해서는 회사나 가게를 경영하듯이 감정을 경영해야 한다. 감정 경영이 현대인의 필수 역량으로 부상하는 이유가 여기에 있다.

딥 컨택트 : 진자아(眞自我)와의 만남

코로나 이후 사회의 특징중 모든 사람에게 밀접하게 영향을 주는 것으로 비대면이라는 한번도 가보지 않은 길을 스스로 개척해 가야한다는 것이다. 그동안 군중안에서 군중의 한 사람으로 우리의 관심은 늘 밖으로 향해있었지만 비로소 우리는 내 안에 집중하고 나를 관찰해서 자신이 어떤 존재인지 생각하지 않으면 안되는 시대로 들어왔다. 나와 함께 온전히 나 자신의 힘으로 세상과 마주하는 방법을 배우고 실천해야 한다는 의미이다.

실패로 고통스럽고 자신이 세상에서 가장 현편없는 사람으로 느껴질 때, 자신의 내면 밑 바닥에서 소리치는 고통의 갈망을 외면하지 말아야 한다. "더 이상 이대로 살 수는 없어!"라는 깊은 외침에 집중하고 스스로를 보살펴야한다. 이 과정이 있어야만이 자신에게 집중해서 자신에 대한 문제와 해답을 스스로 찾게 될 것이다.

군중으로부터 사회적거리두기를 하도록 요청받고 사회가 인정하는 방식대로 살지 않아도 되는 시대로 접어들었음에 불구하고 우리는 자신의 존재를 살피기보다는 여전히 주변사람들을 찾기에 갈급하다. 당연히 외로움의 이중고를 겪을 수 밖에 없다. 진심을 주고 받는 관계와 삶에 대한 만족은 외적환경에 있는 것이 아니라 내적환경에 달려 있다. 내 자신의 내적환경을 살필 사람은 나 이외는 없다. 자신을 유일한 존재로 만들어 주는 자신만의 가치를 찾는 일에 관심을 기울여야한다. 우리는 누구나 유니크한 존재이다.

내가 어떤 존재인지 살피기 위해서는 '감각과 감정과 생각을 가진 나'와 '진짜 나' 사이의 관계를 정확히 아는 것이다. 진짜 나, 즉 '진정한 자아' 안에 무한한 잠재력이 숨어 있기 때문이다. 이것이야 말로 포스트코로나 시대에 필요한 나 자신과의 딥 컨택트(Deep Contact)이다. 자신의 진자아를 아는 사람만이 상대의 진자아를 존중하고 인정할 수 있다.

혹자는 포스트 코로나 시대는 영성의 시대가 되어야 하며, 반드시 그렇게 될 거라고 말한다. 하지만 구체적인 표지판이나 구체적인 과정을 보여주는 기술은 거의 없었다. 내가 이 책을 내기로 결심한 이유가 여기에 있다.

거창하게 들리지만 실은 간단하다. 감정을 붙들고 어둠에서 빛으로 나오는 과정을 밟으면 된다. 이것은 최신 뇌과학과 심리학, 양자역학, 코칭기법 등을 기반으로 한 과학적 프로세스다. 그래서 누구나 익히고 효과를 볼 수 있다. 습득 시간은 달라도 같은 결과를 얻을 수 있는 것이다. 그결과는 고통의 불꽃이 의식의 빛으로 전환되는 과정에서 알아차리게 될 오만가지 생각과 감정을 정리하고, 진짜 원하는 것을 해결할 수 있는 자원을 내면으로부터 끌어올릴 힘을 찾아 활용할 수 있는 스킬을 훈련하는 자신이 될 것이다.

스스로를 이해하고 정체성을 확립하라

스스로를 온전히 이해하기 위해서는 내면을 깊이 들여다보고 탐색(探索)해야 한다. 자신의 생각과 감정을 살펴보고 이해해야 한다. 그래야만 반복되는 생각과 감정의 패턴을 발견할 수 있기 때문이다. 이 패턴을 발견하고 이해해야만 내가 진정으로 원하는 것을 발견할 수 있다.

그것을 발견한 사람만이 영혼의 스위치를 켤 수 있다. 영혼의 스위치란 무엇인가? 배를 운항하거나, 자동차를 운전하거나, 비행기를 운행하기 위해서는 엔진을 켜는 스타터(Starter) 역할을 하는 의식이 있어야 한다. 이러한 시동(始動) 의식을 나는 '영혼의 스위치'라고 부른다.

영혼의 스위치가 있다는 것을 모르거나, 알고 있더라도 그것을 켜지 않으면 외부의 자극에 자동적이고 충동적으로 반응하게 된다. 그런 삶은 여유가 없고 늘 숨가쁘다. 주위 환경과 자극에 곧바로 반응해야 하기 때문에 늘 산만하기만 하다. 나는 그랬었다.

그래서 스위치를 꺼놓은 채로 살 수는 없다. 영혼의 스위치를 켜기 위해서는 감정이 필요하다. 감정이야말로 영혼의 안내자이자 선물인 것이다. 따라서 영혼의 스위치를 현명하게 활용해야 한다. 매 순간 불쑥불쑥 올라오는 감정과 생각을 관조하고 관찰해야 한다. 왜 이 생각이 들었지? 왜 이렇게 행동하고 있지? 이러한 관찰을 통해서 마음의 작용과 상태와 패턴을 파악해야 한다. 그래야만 감정을 조율하고 내적 평화를 가져다줄 나만의 스위치를 찾을 수 있다.

지금의 겉 모습의 정체성이 진짜 내 모습이 아니며, 내가 진정으로 원하던 것도 아니라는 것을 알아야 한다. 내면 깊숙한 곳에 자리한 온전한 정체성을 발견해야 한다. 우리는 밑 빠진 독이 아니라 온전한 존재라는 사실을 깨닫고, 그 깨달음을 바탕으로 자신의 정체성을 발견하고 확립해 나가야 한다.

진정한 코칭은 나 자신으로부터 출발한다

나는 경영학 박사로서 주로 기업경영자 및 구성원을 대상으로 리더십과 코칭을 담당해왔다. 기업의 본질은 성과를 내는 것이다. 따라서 경쟁구도를 피해갈 수는 없다. 우리가 속한 조직과 기업체, 단체, 공동체와 가정은 끊임없이 리더십을 요구한다. 상대방의 내면을 있는 그대로 파악함으로써 상대방의 잠재력을 이끌어내도록 요구받는다. 그러나 이러한 성숙한 리더십은 성인(成人)이 아니라 성인(聖人)쯤은 되어야 가능한 경지다.

사회는 수평적 리더십을 원한다. 그러나 수평적 리더, 즉 코치형 리더가 되는 것은 결코 쉽지 않다. 왜냐하면 코치형 리더는 팀 구성원을 온전한 존재로 인정하고, 그 안에 모든 답이 있다는 것을 믿고, 솔루션을 찾을 때까지 기다리며, 무한한 잠재력을 이끌어내어 목표를 달성하도록 돕는 사람이기 때문이다. 따라서 수평적 리더십이나 코치형 리더십을 기업 현장에 적용하기는 힘들다.

그렇다면 기업이나 조직에서는 코칭을 실행할 수 없는 것인가? 물론 그렇지 않다. 문제는 순서에 있다. 우리는 조직의 구성원이기 이전에, 기업의 임원이기 이전에 존엄성을 가진 하나의 인격체다. 거기서부터 출발해야 한다. 변혁은 조직의 가장 기본 단위인 가정에서 시작되어야 하며, 가정의 변혁은 가정의 구성원, 즉 개인으로부터 시작되어야 한다. 자신의 존엄성을 온전히 깨닫지 못한 사람은 타인과 조직을 존중할 수도 없기 때문이다.

오랫동안 리더십을 코칭해오면서 어느 순간부터 밑 빠진 독에 물 붓기와 같다는 생각이 들었다. 자기 자신을 제대로 알고 자기 자신과 건강한 관계를 맺지 못한 사람들이 나 자신을 포함해서 너무나도 많았기 때문이다. 물을 채우는 방법을 배우기 전에 온전한 항아리가 되는 법부터 배워야 한다. 그것이 올바른 순서다.

뇌과학에 기반한 코칭이 필요하다

10여 년 동안 코칭과 리더십 분야의 일을 하면서 뇌과학 분야를 공부했다. 그러다가 2018년, 미국의 하트매스(heartmath.org)라는 기관에서 뇌의 구조와 마음의 세 가지 작용을 이용해서 내면을 이해하는 테크닉을 배웠다. 나는 이것을 통해서 진자아와의 딥컨택트를 경험할 수 있었다. 과학과 기술의 발전에 감동했던 순간이었다.

그렇게 습득한 지식을 일과 삶의 현장에 조금씩 적용해 왔다. 특히 코로나 기간 동안에 더욱 갈고 닦았다. 연습과 훈련을 통해서 여러 가지 통찰에 도달했으며, 그 통찰을 실증했다. 이 과정에서 얻은 내면의 GPS를 이 책에서 풀어내고자 한다.

코칭은 일종의 커뮤니케이션 스킬이다. 코칭의 측면에서 바라보는 인간은 무한한 잠재력을 가지고 모든 문제를 창의적으로 해결할 수 있는 온전한 존재로 정의한다. 그러나 그 존재를 발견하는 것이 참으로 어려웠다. 내면의 GPS의 도움으로 어둠을 더듬어 파워풀한 존재를 만날 수 있다.

심리학에서 말하는 진자아, 슈퍼 에고, 초인격 등의 이름으로 지칭하는 온전한 존재와 직접 연결되면 어떤 일이 벌어질까? 뇌과학과 영성과학에서 말하는 원시의 뇌 깊은 곳에 존재하는 영적 존재와 연결되면 어떤 일이 벌어질까? 예전에는 꿈도 꿀 수 없었던 창의적인 솔루션을 이끌어낼 수 있지 않을까? 물론 그것은 결코 쉽지 않다. 하지만 배우고 연습하기만 하면 누구나 유레카!의 희열을 얻을 수 있다.

진(眞)자아로 들어가는 비밀의 문

모든 변혁은 진(眞)자아, 즉 진정한 나, 참된 나로부터 출발한다. 그곳으로부터 강력한 실행의지를 이끌어내야 한다. 진정한 나는 내가 무엇을 하든, 어디에 있든 상관없이 창의적이고 혁신적인 솔루션을 가지고있다.

먼 길을 돌아서 갈 이유도, 길을 잃고 방황할 이유도 없다. 진정한 자신, 즉 진자아로 바로 들어가는 비밀의 문이 있기 때문이다. 그 문으로 들어가면 진자아를 만날 수 있다. 진자아에게 해결책을 물으면 지혜를 얻을 수 있다. 그 지혜는 나 자신뿐만 아니라 내 주변까지 조화롭게 정리해줄 정도로 강력하다.

이러한 잠재력을 지닌 진자아를 만나기 위해서는 자기 자신과 소통할 수 있어야 한다. 나 자신과 온전히 연결되어 있지 않는 한, 상대방을 이해하고, 소통하며, 협력하는 것은 불가능에 가깝다. 자기 자신과의 관계가 불확실한 사람에게는 자신에 대한 확신과 믿음도 없다. 이런 사람이 어떻게 타인을 믿을 수 있겠는가?

지금까지는 의식과 내면의 존재와의 연결 방법을 구체적으로 안내하는 테크닉이 거의 없었다. 기존에 존재하던 심리학, 상담, 코칭, 명상 등을 통해서 내면의 무한한 잠재력을 발견하는 것은 결코 쉽지 않다. 왜냐하면 각자의 적문성의 언어로 그 방법을 설명한다. 그래서 받아들이는 사람의 경험과 이해의 수준에 따라 효과가 제각각일 수밖에 없었다.

이제부터 과학을 기반으로 우리 자신의 내면을 살펴볼 것이다. 그것은 진정한 나를 찾아 떠나는 관찰과 훈련의 여행이다. 그 여행은 반드시 보상받을 것이다. 가장 위대한 여행은 자기 자신으로의 여행이기 때문이다. 이 책이 그 여행을 위한 길잡이가 되어줄 것이다. 긴 여행이 끝나고 이 책을 덮을 때, 여러분은 분명 예전보다 더 나은 사람, 완전히 새롭지만 과거와 화해한 사람, 미래의 자신에 의해 인도되는 사람, 그리하여 마음이 따뜻하고 평안한 사람이 되어 있을 것이다. 왜냐하면 나 역시 그러했기 때문이다.

내면의 파워풀한 자신을 찾아 떠나는당신의 여행을 응원한다.

● 차례

추천사 ··· 4

프롤로그 ··· 21

제1장 나는 사실 나를 모른다

무의식이 만들어내는 삶의 패턴 ················· 32

인생은 왜 생각대로 되지 않을까? ················· 35

나쁜 일이 일어났는데 왜 긍정적으로 생각하라는 걸까? ··· 44

제2장 진짜 나를 이해하기

운명의 굴레에서 빠져나오기 ················· 50

나는 어떤 생각을 하는 사람인가? ················· 55

나의 이야기 ················· 68

앞으로의 나 ················· 73

제3장 감정리폼 실행하기

감정리폼이란 무엇인가 ················· 98

감정리폼의 의의 ················· 100

감정리폼을 해야 하는 이유 ················· 102

감정리폼의 효과는 ················· 104

감정리폼의 프로세스 알아보기 ················· 106

EMOTIONAL REFOR

R) 지금의 감정을 확인하기   110

E) 감정의 느낌을 공감하기   116

F) 감정의 이유를 이해하기   123

O) 감정에 반응하는 습관의 작동방식 관찰하기   129

R) 감정의 갈망 알아차리기   135

M) 리폼된 감정으로 새로운 대안 끌어당기기   138

제4장   감정리폼의 다양한 사례

건강을 위한 감정리폼 ······················144

커리어를 위한 감정리폼 ····················158

관계를 위한 감정리폼 ······················173

성공적인 비즈니스를 위한 감정리폼··············183

여섯 가지 대표 감정리폼하기 ················194

제5장   감정리폼과 함께 사용할 수 있는 도구들

좋은 에너지를 몸 안에 담아두는 LOCK & LOCK··············206

너무 많은 스트레스가 동시에 몰려올 때 ··········217

불안이 몰려올 때 ························220

뇌와 심장이 함께하는 시각화 ················223

에필로그 ····························227

MOTIONAL REFORM

나는 사실
나를 모른다

사람들은 똑같은 문제를 겪고 똑같은 상처를 받는다. 자신을 관찰하는 일이 드물기 때문이다. 자신의 패턴, 스타일을 지금 깨달았다면 앞으로 어떻게 살 것인지는 그 패턴을 깨달은 자신의 책임이다.

—토니 로빈슨, 미국의 작가 겸 코치

제1장

무의식이
만들어내는
삶의 패턴

세 살 버릇이 여든까지 간다고?

한 사람을 정의하는데 가장 기초가 되는 것은 개인의 성격이다. 어떤 방식으로 생각하고 행동하는가? 어떤 방식으로 감정을 느끼고 표출하는가? 그에 따라 한 개인의 성격을 정의할 수 있다.

심리학에서는 성격이 주로 3살까지의 습관에 의해 형성된다고 한다. 하지만 '세 살 버릇 여든 간다'라는 표현은 평범한 사람들로 하여금 '더 나아질 희망이 없다'라고 생각하게 만들 위험이 있다.

그러나 '세 살 버릇 여든 간다'라는 이 엄청난 관성을 바늘 구멍의 빛으로 멈추어 세울 수 있다. 두뇌의 생각과 가슴의 감정을 결합시키면 내면 깊숙이 존재하는 지혜의 빛을 느낄 수 있다. 수십 년 동안 켜켜이 쌓인 껍질과 관성을 뚫고서 말이다. 더 나아가 익숙한 패턴을 벗어버리고 새로운 패턴의 옷을 입을 수도 있다.

그것을 가능하게 하는 프로세스가 바로 감정리폼이다. 감정리폼을 통해 지금까지의 나, 즉 카르마로부터 자유로워질 수 있는 것이다.

나에게 부정적인 최면이 걸려 있었다고?

사람들은 무의식이 자신의 감정을 처리하게 놓아두고 있다. 외부자극에 습관처럼 반응하면서, 그러한 생각과 행동과 감정이 자기 자신이라고 철석같이 믿고 있다. 그러나 감정과 생각은 우리 자신이 아니다. 분리해서 생각해야 한다.

누구나 충동적으로 분노를 폭발시킨 다음에 가슴을 치며 후회해본 적이 있다. 그로 인해 나쁜 결과가 발생할 것을 알면서도 참지 못했던 경험 말이다. 그럴 때마다 부정적인 최면에 걸려서 같은 실수를 반복하는 것처럼 느껴지기 마련이다.

이러한 반복적 패턴에 의해서 자아정체성이 형성된 사람들이 많다. 물론 우리는 그러한 패턴으로부터 벗어나고 싶어 한다. 그것이 자신의 진짜 모습이 아닐 거라는 막연한 희망으로 변화를 위한 노력을 시작하게 된다.

하지만 변화의 의지보다 누적된 습관이 가진 에너지가 더 강하다는 것이 문제이다. 결국 부정적인 패턴을 끝내 벗어나지 못하고 안주하곤 한다. 왜냐하면 습관은 무의식에 구축된 강력한 운영체제(OS)이기 때문이나. 이 운영체제는 좋은 방향이든 나쁜 방향이든 상관없이 지속적으로, 자동적으로 운영되고 있다.

감정의 힘으로 새로운 습관을 시작하자

우리는 일상에서 여러 가지 감정에 직면한다. 부끄러움, 좌절, 화, 짜증, 우울 등의 불편한 감정을 억누르기 위해서 필사적으로 노력한다. 그러나 이에 대한 보상은커녕 비난과 원망을 받는 경우가 비일비재하다. 타인에게 준 상처의 대가를 치르라는 아우성에 시달리기도 한다. 부부, 자녀, 친척, 상사와 동료와의 관계에서 불거진 마음의 상처에 신음하는 것이다.

하지만 나아질 거라는 기대보다 나빠질 거라는 불길한 예감이 드는 경우가 훨씬 더 많다. 습관화된 생각의 패턴, 이에따른 감정과 그 생각을 해석하는 패턴이 결국 불편한 감정들을 더욱 크게 증폭하기 때문이다. 오히려 우리의 마음을 더욱 힘들게 하는 것이다. 현실의 삶과 이상적인 삶이 다를수록 더욱 그러하다.

이와같이 변화하고 싶은 열망보다 습관의 힘과 에너지가 훨씬 더 강력하다. 생각과 다짐만으로는 습관을 고칠 수 없는 이유가 여기에 있다. 습관을 바꾸기 위해서는 무의식적인 반응을 멈추고 감정을 있는 그대로 느끼는 것부터 시작해야 한다.

인생은 왜
생각대로
되지 않을까?

아무리 열심히 해도 소망했던 결과가 나오지 않는 경우가 많다. 무한 경쟁으로 인한 좌절과 무력감에 지친 우리들은 불안과 초조, 화, 우울 등의 부정적인 감정으로 인해 고통받고 있다.

많은 사람들이 그러한 부정적인 감정을 외면하고 긍정적인 감정을 가지라고 충고해 왔다. 무한한 '긍정'의 힘을 통해서 부정적인 감정과 불편한 느낌을 편안하고 긍정적인 감정으로 대체하라는 주장이다. "Let it go!"를 외치며 부정적인 감정들을 벗어던지라는 말을 한 번쯤은 들어봤을 것이다.

그러나 감정은 그런 방식으로 없앨 수 없다. 잠시 보이지 않을 뿐이다. 적절하게 해소되지 않은 부정적인 감정은 우리의 내면 속에 숨어서 힘을 기르고 있다. 긍정적인 감정은 시간이 지날수록 흩어지지만, 부정적인 감정은 시간이 지날수록 더욱 커지기 때문이다. 더욱 안타까운 것은 부정적인 감정이 가진 에너지를 활용할 기회까지도 놓쳐버리는 데 있다.

그러나 방법은 있다. 무의식의 시스템, 생각의 습관, 감정의 습관, 의사결정의 습관, 행동의 습관에 지배당하지 않을 방법 말이다. 이 책에서는 그것을 과학적이고 통합된 새로운 스킬 셋(Skill Set)의 형태로 소개할 것이다.

다른 사람의 욕망을 대신 실천하고 있지 않은가?

사람은 사랑을 받거나 원하는 것을 얻을 때 행복을 느낀다. 이런 종류의 행복은 대상에 의존한 결과이다. 이런 경우에는 대상과 자신을 동일시하다가 그 대상이 사라지면 이내 낙심하고 절망하게 된다. 게다가 그 대상은 수시로 바뀐다. 이런 식으로 행복을 좇으면 진정한 자신에 대해 끝내 알지 못하게 된다. 타인의 시선으로 자신을 규정하고 이해하는 삶은 수많은 굴곡으로 점철될 수밖에 없다.

타인이 생각하는 나, 사람들이 인식하는 나, 타인과 비교된 나를 자신이라고 받아들이는 순간 불행과 불만은 멈추지 않는다. 왜냐하면 타인의 인식에 따라, 타인과의 상대적 비교에 따라 끊임없이 흔들리기 때문이다. 자신이 가진 절대적인 힘과 가능성을 발견하기 위한 용기도 낼 수 없다.

사람들이 타인을 판단하는 첫 번째 기준은 겉모습이며, 두 번째 기준은 과거이다. 과거의 경험에 사로잡혀 타인에 대한 선입견을 고수하는 사람들이 많다. 우리가 어떤 사람에 대해 말하는 것은 몇 달 전, 혹은 몇 년 전의 그 사람에 대해 이야기하는 것임을 알아야 한다.

감정을 통해서 내면의 나와 대화하자

최근에 어떤 사건으로 인해 엄청난 고통이 눈앞에 나타났다. 평소 같으면 그 고통을 순식간에 없애버렸을 것이다. 그것이 문제를 해결하기 위한 지름길이라고 생각하고, 여러 가지 방법과 행동을 동원해서 대처했을 것이다.

그러나 그 알량한 이성으로 감당할 수 없는 너무 큰 충격 앞에서는 오롯이 감정과 마주설 수 밖에 없었다. 그러자 생각이 멈추어 버렸다. 생각이 멈추자 감정의 해석도 사라졌다. 습관이라는 이름의 자동적인 패턴도 멈추었다. 그 순간, 나의 의지와는 상관없이 새로운 존재가 내면에 등장했다. 새로운 감정의 파동이 나를 깨어나게 했다.

잠시 동안 고조되어 있던 감정은 포물선을 그리며 하강하더니 원래의 에너지를 가지고 빠져 나갔다. 그러자 처음에 느꼈던 감정에 내포된 정보의 내용이 달라졌다. 요동치던 감정이 잠잠해지더니 감사의 마음이 떠올랐다. 이유가 있어서 느끼는 감사와는 차원이 달랐다. 감사의 대상이 없는 감사였기 때문이다. 그것은 상황과 사람, 사물로부터 독립된 감사함이었다. 전율의 순간이었다. 깨달음의 순간이었다.

나는 그날 이후 내 감정을 관찰하기 시작했다. 그리고 충격적인 사건

없이도 감정에 관심을 기울이게 되었다. 이러한 관심을 통해서 과학적인 프로세스를 알아차릴 수 있었다. 감정에 작은 관심을 기울이는 것만으로도 그 감정이 다른 성질의 감정으로 변화하는 것을 느낄 수 있었다.

감정을 만나는 것은 내면의 나와 대화하는 것이다. 자신의 진짜 갈망이 무엇인지 알아차리고, 내가 원하는 것을 이루고 싶은 마음을 오롯이 만나는 과정이다. 그러면 우리는 밤하늘의 별과 대화할 수 있고, 아름다운 숲과 하나가 될 수 있고, 얼굴을 어루만지는 한 줄기 햇빛에도 감사와 행복을 느낄 수 있다. 기적과도 같은 삶이 우리를 맞이할 준비를 하고 있는 듯 하지 않은가!

인생을 업그레이드해 주는 변혁의 프로세스

모든 것은 일시적이고 끊임없이 바뀐, 이것이 세상의 본질이다. 그러나 자신의 감정과 마주하여 그 감정이 진짜 원하는 것을 끌어올릴 수 있다면, 바로 그 순간부터 끊임없이 춤을 추는 파동에서 입자로 나타나는 물리적인 변화가 시작된다.

즉 원하는 것을 상상한 깊은 의식이 결국은 무언가를 만들어 낸다는 것이다.

〈제3장 감정리폼 실행하기〉에서 스스로의 생각과 감정을 돌아보는 과학적인 프로세스를 배울 것이다. 5분 내외의 시간과 간단한 테크닉으로 우리가 자신의 삶에 대해 범하는 실수들, 상대방을 나의 사고방식 안에서 보고 생각하고 느끼고 행동하는 바람에 발생하는 문제들, 일상에서 자주 범하는 오류의 패턴들을 인식할 수 있게 될 것이다. 그리고 오류를 반복하지 않는 법을 배울 것이다.

이것을 인식하는 것이 바로 변혁이다. 이러한 변혁의 프로세스에 익숙해지면 삶의 질 자체가 업그레이드된다. 나를 괴롭히던 문제들과 나를 아프게 했던 주변 환경이 질적으로 변화하는 것이다.

변화를 포기하게 만드는 감정을 알아야 한다.

변화가 어려운 이유는 무엇인가? 새로운 것을 배운 뒤에 그것을 방치하기 때문이다. 배우는 동안에는 변화의 이유도 알고 실행의 필요성도 알고 있다. 하지만 시간이 지나면 나의 일상을 지배하고 조종하는 무의식적 자동화 시스템이 나를 운영하기 시작한다.

따라서 배운 것이 무의식의 시스템에 뿌리를 내려야 하는데, 이렇게 되기까지는 어느 정도의 시간과 연습이 필요하다. 새로 습득한 개념이 뇌의 뉴런 사이의 시냅스로 연결되어야 하기 때문이다. 그래야 의식적으로 생각하지 않아도 무의식의 자동화 시스템이 내재화되어 저절로 알아서 행동할 수 있다. 과학자들에 따르면 이렇게 되기까지 최소한 60일에서 180일이 소요된다고 한다.

머리로 배운 것을 행동으로 반복해야 한다. 반복을 통해서 무의식의 시스템에 장착시키기 위해서는 1만 시간이 필요하다는 말도 있다. 고행에 가까운 노력을 반복하다 보면 이런저런 어려움과 부정적인 감정을 만나게 된다. 이러한 과정에서 의지를 붙들고 1만 시간을 지속할 수 있는 사람이 얼마나 될까? 설령 있다 하더라도 자신의 삶에 얼마나 가혹한 영향을 미쳤는가를 알았더라면 그렇게 하지 않았을 것이다. 이것은 의지가 부족해서도 아니고 믿음이 없어서도 아니다. 다만 감정의 중요성에 대해 배운적이 없었기 때문이다. 변화의 작동 방식을 과학적으로 이해하지 못했기 때문에 벌어지는 일이다.

변화하기 위해서는 성과를 내야 한다. 성과를 측정하려면 결과를 내야 한다. 결과를 내기 위해서는 행동해야 하고, 행동하기 위해서는 생각과 태도가 갖추어져야 한다. 이게 끝이 아니다. 생각과 태도의 이면에는 인지의 방식이 존재하기 때문이다. 이 모든 부분이 함께 토탈 패키지로 가동되어야만 근본적인 변화를 만들어낼 수 있다.

즉 무의식을 바꿔야 변화가 시작된다.

뇌과학과 심리학에 따르면 잠재의식은 우리의 모든 행동과 감정과 의사결정의 95%를 지배한다. 심지어는 우리의 의식적인 결정의 대부분도 지배한다고 한다. 결국 우리의 의식 자체도 학습과 경험에 의한 인지편향(Cognitive Bias)에 빠져 있다고 할 수 있다.

따라서 가장 큰 문제는 나도 알지 못하는 무의식에 있다. 내 생각과 행동, 감정을 95% 이상 지배하는 무의식적 패턴을 알아야 한다. 그렇지 않으면 내가 하는 행동이, 내가 하는 생각이, 내가 느끼는 감정이 내 의식과 의도대로 구현되지 않는다.

따라서 의지를 사용하여 무의식의 자동화 시스템을 바꾸려고 애쓰는 것은 무의미하다. 무의식에 뿌리내린 습관의 형태를 바꾸려면 무의식의 안내를 따라야 한다. 그 안내자가 바로 감정인 것이다. 그렇게 하면 감정안에 내포된 지혜가 우리를 일으켜 세울 것이다.

이와 같이 우리가 잘못된 판단을 하거나 의도치 않은 행동을 하는 것은 무의식적, 습관적 패턴의 지배를 받고 있기 때문이다. 그리고 그 결과, 늘 후회로 가득한 삶을 살게 된다.

무의식의 패턴을 간과하면 변화를 위한 노력을 지속하기 어렵다

많은 사람들이 꿈과 비전에 따라 목표를 설정한다. 훌륭한 결과물이 생기기를 바란다. 그러나 아이러니하게도 결과에 매달리면 매달릴수록 자신의 부족함이 더욱 크게 느껴진다. 불안하고 불편한 감정에 휩싸인다. 의지의 힘으로 노력을 재개하지만 오래가지 못한다. 무의식이 바뀌지 않았기 때문이다. 한 마디로 지는 게임이다.

이러한 현상은 무의식의 저항 때문이다. 의지와 습관의 갭을 뇌가 인식하는 순간 무의식의 저항이 시작된다. 우리의 삶을 지배하는 것은 습관이고, 습관의 95%는 무의식의 자동화 시스템에 의해 유지된다. 그러므로 남은 5%의 의식적 선택과 행동으로 변화를 만들어내야 한다. 이것은 말 그대로 계란으로 바위치기다.

심리학과 뇌과학으로 이해하는 무의식의 저항을 2500년전 플라톤은 다음과 같이 묘사한 것이 인상적이다. "Akrasia"란 인간은 자신에게 이로운 일을 하지 않는 경향으로 이로 인하여 산만한 상태로 살아간다는 것이다. 이러한 문제를 해결할 방법으로 심리적인 상태를 살펴야 한다고 강조했다. 즉 감정을 살펴야 한다는 의미이다.

의식이 원하는 것은 무의식에 숨겨진 생각, 신념, 행동, 감정 등과 다르다. 즉 의식을 아무리 바꿔도 무의식의 경향이 바뀌기 전까지는 바위가 움직이지 않는다. 같은 맥락으로 아인슈타인은 "문제를 야기한 무의식적 패턴, 즉 사고방식으로는 결단코 그 문제를 해결할 수 없다."라는 명언을 남겼다. (You can never solve today's challenge with the same mindset that created it in the first place.) 즉 무의식의 마인드셋이 달라져야 정체성이 바뀌고, 정체성이 바뀌어야 선택이 달라진다는 말이다. 선택이 달라져야 행동이 달라진다.

다이어트에 대한 감정을 리폼하다

예전에는 다이어트나 과체중 등의 단어를 들으면 나도 모르게 움찔하며 부끄러워했다. 심지어는 나 자신을 패배자, 실패자로 낙인찍기도 했다. 음식에 대한 탐욕이 있다는 이유로 나 스스로 죄의식을 가졌던 것이다. 다이어트에 대해 코칭도 받고 보조식품도 이용해봤지만 성공하지 못했다.

하지만 다이어트에 대한 좌절감을 리폼한 뒤에는 달라졌다. 나는 내 좌절감을 존중하고 이해했다. 좌절을 느낄 때 내가 주로 해왔던 행동을 부정하지 않고 받아들였다. 그러자 나의 무의식적 갈망을 알아챌 수 있었다.

그 갈망이 이루어진 모습을 그려보며 미래의 자신과 조우할 수 있었다. 그녀는 여유롭고 우아하며 성숙한 사람이었다. 그녀는 살을 빼려고 노력하거나 과체중을 부끄러워하지 않고도 건강하고 행복했다. 음식을 즐길 줄 알고 자신을 사랑하며, 자신의 가치인 배움과 성장의 삶을 살아가는 것을 즐겼다.

이러한 연습의 결과, 지금의 나는 예전과 다른 사람이 되었다. 나는 여전히 음식을 사랑하지만 더 이상 죄의식이나 부끄러움을 느끼지 않는다. 이와 같이 우리 스스로가 내적 변혁을 이룰 수 있다는 것, 이것이야말로 기적이 아니겠는가?

감정과의 5분 데이트를 시작하라

예를 들어 당신에게 '선한 영향력을 미치는 사람'이 되고 싶은 갈망이 있다고 해보자. 그런데 당신이 자신의 모습을 무능하고 가난하며 영향력 없는 존재로 생각한다면, 그 목표를 결코 이룰 수 없다. 에너지도 용기도 부족하기 때문이다. 자연스럽게 뒤로 미루게 된다. 이런 상태로 95%의 시간을 보내는데 어떻게 주변 사람들에게 선한 영향력을 나누어 줄 수 있겠는가?

인간은 자신이 소중히 여기는 가치를 타인과 나누고 싶어한다. 이 기본적인 갈망 때문에 인류의 역사가 발전해 왔다. 하지만 대부분의 시간 동안 무의식적 패턴 속에서 살아간다. 그래서 자신이 원하는 가치를 실현하지 못할 뿐만 아니라 자신이 원하는 변화도 만들어내지 못하는 것이다. 수많은 사람들이 변화를 포기하고 어제와 같은 모습으로 살아가는 이유가 여기에 있다.

행동을 고치는 것만으로는 부족하다. 앞에서 말한 것처럼 '지는 게임'의 패턴안에서 행동하기 때문이다. 그러면 어떻게 해야 하는가? 모두의 내면 속 깊은 곳에 있는 지혜를 만나야 한다. 누구나 지혜를 가지고 있기 때문이다. 우리가 할 일은 감정을 통해서 지혜를 발견하고 지혜가 발현되도록 잠시 침묵해야한다. 지혜의 패러다임이 내면으로부터 떠오를 때, 그것을 제대로 인지할 수 있어야 한다. 그래야 그것을 선택할 수 있기 때문이다.

이를 위해서는 몇 단계의 스킬이 필요하다. 이것은 제3장에서 구체적으로 안내할 것이다. 감정과의 5분 데이트를 통해서 스스로의 감정을 돌볼 수 있는 힘과 지혜를 얻게 될 것이다.

나쁜 일이 일어났는데
왜 긍정적으로
생각하라는 걸까?

"받아들이기 힘든 상황이 닥치면 어떻게 해야 하나요?", "분명히 나쁜 일이 일어났는데 왜 저항하지 말라고 하나요?", "나쁜 일도 긍정적으로 생각하라고요? 어떻게 그럴 수 있나요?" 감정경영 워크숍을 진행하면서 많이 들은 말들이다.

　모든 것은 일시적이며 끊임없이 변한다. 받아들이기 힘든 상황을 좋게 볼 이유도, 나쁘게 볼 이유도 없다. 모든 것을 좋게만 보려는 긍정 편향은 겉으로만 괜찮은 척하는 것이다. 부자연스럽게 감정을 억누르거나 외면한 채로 말이다. 그와 반대로 힘든 상황을 무조건 나쁘게 볼 필요도 없다. 모든 것을 부정적으로만 보면 탈진해 버리기 때문이다.

원하지 않는 상황이나 괴로운 상황을 무조건 부정하는 것도 자신의 생각을 조작하는 것이다. 과거 경험의 프레임으로 지금의 상황을 판단하는 것이기 때문이다. 그러나 똑같은 상황이 긍정적으로 해석될 수도 있고 부정적으로 해석될 수도 있다. 해석의 기준은 나에게 있다. 나의 해석에 따라 용기가 두려움이 될 수도 있고, 두려움이 용기가 될 수도 있는 것이다.

물론 부정적인 해석보다는 긍정적 해석이 낫다. 하지만 마음이 힘들고 고통스러운데도 무턱대고 "난 행복해! 안 힘들어! 즐거워!"라고 하면서 긍정심리를 강요해서는 안 된다. 이러한 기분 조작으로는 진정한 삶의 변화가 오지 않기 때문이다.

물리학의 기본 원칙을 이해하고 인식한다면 나쁜 일이 일어났음에도 긍정적인 시각으로 바라보아야만 한다는 것을 알아차릴 수 있다. 내가 방출하는 에너지는 나에게 되돌아온다. 이것이 물리학에서 말하는 '운동의 제1 법칙'이다. 양자물리학의 아버지 데이비드 봄은 이렇게 말했다. "에너지 차원에서 본다면 인간은 송신탑이다. 우리가 방출하는 에너지는 우리에게 돌아와서 우리의 내면에 볼텍스(Vortex)를 형성한다."

해로운 감정이 우리의 몸을 해친다

예상하지 못한 일이 발생했다고 가정해보자. 이때 만약 그 사건 자체를 부인하고 저항하기 위해 에너지를 뿜어낸다면, 그 부정적인 에너지가 고스란히 나에게 되돌아온다. 이것은 과학적으로 측정이 가능하다.

불편한 감정을 있는 그대로 표출하면 뇌하수체에서 그에 상응하는 신경전달물질과 호르몬이 분비된다. 이 화학물질들은 우리의 몸에 파괴적인 영향을 끼친다. 이 사실을 제대로 이해하는 사람들은 불편한 감정을 터뜨리지 않기 위해서 항상 노력하거나 적어도 그 순간을 알아차린다.

하지만 대부분의 사람들이 그 사실을 모르고 감정을 격동시킨다. 그러면 그 에너지가 우리의 몸에 악영향을 미친다. 혐오스러운 사람이나 소름끼치는 경험을 떠올리기만 해도 어깨가 뻣뻣해지고 심장박동이 빨라지는 이유가 여기에 있다. 그 감정이 만들어낸 호르몬과 화학물질인 해로운 에너지가 우리의 몸을 몸서리치게 하는 것이다.

감정은 에너지다. 에너지는 주파수를 방출한다. 그 주파수는 과학적으로 측정이 가능하다. 따라서 우리가 주위 사람들과 세상에 미치는 영향력도 측정이 가능하다. 그 영향력은 따뜻하고 선한 것일 수도 있고, 차갑고 악한 것일 수도 있다.

우리가 해야 할 일은 보다 나은 상태의 감정을 유지하는 것이다. 그래야 나와 내 주위에 밝고 건강한 에너지를 줄 수 있기 때문이다. 감정리폼 프로세스를 배우고 연습하여 실행하면 누구에게나 가능한일이다.

진짜 나를
이해하기

당신이 허락하지 않는 한 그 누구도
당신에게 열등감을 느끼게 할 수는 없다.

—프랭클린 D. 루스벨트, 미국의 32번째 대통령

제2장

운명의
굴레에서
빠져나오기

우리는 주변의 환경과 조건에 의해 많은 감정을 겪는다. 원하지 않는
상황이나 실패와 맞닥뜨리면 일단 부정하는 것이 인지상정이다. 그 다
음으로 화를 내다가, 무력함과 우울함에 빠졌다가, 마침내 상황을 받아
들이고 협상해 나간다.

이 과정은 개인에 따라 일주일, 한 달, 일 년, 혹은 평생이 걸릴 수도
있다. 중요한 것은 이러한 감정들이 내면에 머무는 동안 엄청난 에너지
가 소모된다는 사실이다. 그러면서도 정작 자신이 싫어하는 운명의 굴

레를 벗어나지는 못한다. 운명 속에서 고통을 겪고 있는 자신을 무의식적으로 긍정해버리는 것이다.

그렇다면 어떻게 해야 운명을 바꿀 수 있을까? 새해 다짐을 예로 들어보자. 새해에는 모두가 변화를 다짐한다. 금연, 영어공부, 다이어트를 시작한다. 하지만 몇 주, 아니 며칠이 지나기도 전에 미루거나 포기한다.

우리는 종종 원하는 것을 이루지 못하고 '역시 나는 안돼'라고 좌절한다. 변화를 다짐해도 여전히 운명의 굴레 안에 있는 자신을 발견한다. 그때마다 좌절감이 엄습한다. 왜 그럴까? 문제의 핵심은 우리의 잘못된 신념이다. 예컨대 '변화는 힘들다'는 막연한 신념을 그대로 받아들이고 있다.

변화는 원인이 아니라 결과다

누구나 변하고 싶어 한다. 보다 나은 삶을 살기 위해 노력한다. 인간은 새로움을 갈망하는 영적인 존재이기 때문이다. 그러나 의식적으로 깨어있는 시간은 하루의 5%에 지나지 않는다. 일상생활의 95%는 무의식적으로 이루어진다. 나는 이것을 '습관화된 운명'이라고 부른다.

습관화된 사고방식은 한 사람의 생각과 행동, 감정에 막대한 영향을 끼친다. 그러므로 과거로부터 이어져 내려온 습관화된 사고방식을 과감히 바꿔야 한다. 하지만 의지의 힘만으로 변화를 만들어내는 것은 불가능에 가깝다. 내면 깊숙한 곳에 있는 잠재의식을 움직여야 한다.

스스로의 내면의 힘과 조우하는 것이 중요하다. 5%에 불과한 의식적인 생각과 행동만으로, 오랜 시간 누적되어 온 습관과 운명을 바꾸고 혁명적인 변화를 만들어내는 것은 불가능하다. 그 이유는 다음 장에서 과학적으로 설명할 것이다.

변화를 위해 행동한다고 해서 운명이 변하는 것은 아니다. 내면의 환경이 바뀌면 행동은 저절로 바뀐다. 진정한 변화를 일으키기 위해서는 태도, 마음가짐, 마인드셋을 변혁해야 한다. 창조주가 우리 안에 심어놓으신 무한한 잠재력을 발견하고 발휘하기 위해서는 생각하는 방식 그자체를 바꿔야 하는 것이다.

생각하는 방식을 바꿔서 무의식을 극복하라

이를 위해서는 먼저 자신의 생각을 면밀히 관찰하여 생각과 행동의 패턴을 알아내야 한다. 변화가 필요한 부분을 찾아내서 개선시키기 위해서이다. 그렇게 하면 분명히 변화할 수 있다. 운명 뒤에 숨거나 뒷걸음질치지 않아도 된다.

인간을 Human Being이라고 칭하지 않는가! 이것은 인간(Human)과 존재(Being)라는 두 개의 단어가 합쳐진 말이다. 대부분 우리들은 Human의 차원에서만 변화하려고 노력한다. 결심하고, 행동하고, 다시 무너지기를 반복하고 있다.

그러나 중요한 것은 존재(Being)의 차원이다. 존재의 차원에서 무의식의 운영방식을 깨달은 다음, 그것을 극복하고 초월해야 한다. 의식의 힘만으로는 95%의 중력을 뛰어넘을 수 없기 때문이다. 그래야만 잠재된 능력을 발휘하여 삶을 변화시킬 수 있다. 내 삶을 내 뜻대로 시원하게 운전할 수 있는 것이다.

과학의 힘 덕분에 존재 안에 숨겨진 보물을 찾는 방법을 간단한 프로세스의 형태로 만날 수 있게 되었다. 머리와 가슴이 만나는 과학적 프로세스, 감정리폼이라는 테크닉이 바로 그것이다.

진정한 나의 모습은?

"우리는 봄마다 껍질을 벗고 새로운 옷을 입는 나무와 같다. 우리의 정신은 끊임없이 젊어지고 더 커지고 더 강해진다." 라는 니체의 명언이 있다. 이와 같이 인간은 성장을 통해서 커지고 강해질 때 행복을 느낀다. 이러한 기본적 욕구를 억누르고 외면할수록 내면의 영성, 즉 Being 이라는 존재와 멀어지게 된다. 그리고 감정이라는 녀석이 부지불식간에 올라와서 욕구에 대한 신호(Signal)를 보낸다. 그 신호가 부정적일수록 피폐해질 수밖에 없다.

다양한 경험을 통해서 자신이 무엇을 잘 할 수 있는지, 무엇을 할 때 즐거운지를 파악해야 한다. 그래야만 자신에게 가장 중요한 것이 무엇인지 알 수 있다. 과거의 경험은 이미지와 감정의 형태로 저장된다. 내가 소중히 여기는 가치를 실현하는 과정은 긍정적인 기억으로 저장된다. 소중한 가치를 이루지 못했거나 환경이나 타인에 의해 짓밟혔을 때는 부정적인 기억으로 저장된다.

결국 가치란 자신이 되고자 하는 그 사람의 특성들이다. 자신이 되고 싶은 사람의 특성들이 경험을 통해 나타나면 행복하고 뿌듯할 것이다. 반대로 자신의 존재적 특성이 삶 안에서 구현되지 않을 경우, 여러 가지의 불편한 감정을 느끼게 된다.

불편한 감정이 오랫동안 쌓이면 올바른 선택을 할 수 없다. 그 감정과 씨름하는 과정에서 스트레스가 쌓이기 때문이다. 피로가 누적되고 분노, 외로움, 우울함, 좌절, 배신 등의 부정적인 감정들이 과거의 경험과 함께 수면 위로 떠오른다. 여기에 현재의 스토리가 더해진다. 이러한 과정을 거쳐서 감정의 바다에 내던져진채 불편한 감정이 더욱 강화된다.

부정적인 감정 안에 보물이 들어 있다

그렇다면 불편한 감정들과 속절없이 씨름하다가 끝내 포기해야 하는가? 물론 그렇지 않다. 부정적인 감정 안에 유용한 정보가 숨어있기 때문이다. 케케묵은 감정들이 지금의 나에게 소중한 정보를 전달해 주려고 이렇게 아프게 나를 부르고 있는 셈이다.

따라서 부정적인 감정들은 선물을 들고 방문한 고마운 손님들이라고 할 수 있다. 포장지가 마음에 들지 않는다고 해서 선물까지 버려서는 안된다. 포장지가 아무리 남루해도 그 안에는 귀한 선물이 들어있기 때문이다.

포장지를 뜯어내고 선물을 관찰해보면 내가 진정으로 원하는 것이 무엇인지, 무엇을 잘 하는지, 무엇을 할 때 즐거운지, 나의 강점과 약점이 무엇인지, 원하는 것을 이루기 위해 무엇을 배우고 싶은지, 어떤 사람과 함께 할 때 행복한지, 내 감정이 어디에서 오는지, 그 감정이 나에게 혹은 상대에게 어떤 영향을 미치는지 등을 알 수 있다.

이러한 정보들을 제대로 성찰해야 한다. 그래야만 진정한 나를 알 수 있고, 나의 잠재력이 무엇인지 파악할 수 있기 때문이다. 일상에서 벌어지는 무의식적이고 습관적인 생각이나 행동만으로는 알 수 없다.

나는
어떤 생각을 하는
사람인가?

우리의 삶은 의미를 가져야 한다. 쳇바퀴 속 바쁘게 돌아가는 삶을 사느라 쉴 새 없이 달리기만 해서는 안 된다. 설령 그래야 하더라도 달려야 하는 이유와 의미를 알아야 한다. 어느 방향으로 가야 하는지를 계획하고 의도해야 하는 것이다. 그래야만 삶에서 가치를 만들어내고, 행복과 만족감을 느낄 수 있다.

이를 위해서는 '생각'을 해야 한다. 생각에는 두 가지 형태가 있다. 하나는 우리 의식의 허락 없이 반복적으로 떠오르는 수많은 생각이고, 다른 하나는 의식적이고 창의적인 생각이다. 목표를 세우고 미래를 꿈꾸며 노력하는 것도 의식하는 생각의 작용이다. 행동은 생각의 결과이자 반영일 뿐이다.

이러한 두 가지 종류의 생각은 마인드(mind)라고 불린다. 마인드는 주로 '마음'으로 해석된다. '가슴'이라고 해석되는 하트(heart)와는 다르다. 이 의식적인 생각은 나의 허락 없이 마구잡이로 날뛰는 오만가지의 생각과는 다르다. 나는 이 생각을 '지적인 생각'이라고 부르고 싶다.

생각은 다양하고 종류가 많다. 하루에도 오만가지 생각이 넘나든다. 영성가이자 철학가인 조셉 머피는 우리의 생각을 크게 세 가지로 분류하였다. 심리학의 아버지인 칼 융은 의식, 무의식, 슈퍼의식의 세 가지로 분류하였고, 인지과학자이자 뇌과학자 댄 시걸(Dan Siegel)은 뇌의 구조를 중심으로 3 MINDS로 분류하였다.

위의 이론들을 바탕으로 인간의 의식을 다음과 같이 정리해 보았다.

의식의 나

의식의 나는 지금 내가 생각하는 나이다. 무의식이나 슈퍼의식보다 힘이 약하다고 볼 수도 있지만, 원하는 것을 선택하여 가치를 창출하는 출발점이라는 면에서 중요하다. 의식의 나는 무의식의 자동화된 습관을 넘어서 슈퍼의식의 나를 만나게 해준다.

문제는 우리의 생각 중에서 5% 정도만이 의식의 수준에서 일어난다는 점이다. 나머지 95%의 생각은 자동화된 습관적 패턴의 지배를 받는다. 무의식은 강력한 끌어당김의 힘을 가지고 있다. 새로운 행동을 시도해도 예전의 패턴으로 되돌아오는 이유가 여기에 있다.

무의식의 나

같은 병에 걸려도 병을 이겨내는 사람이 있고 그러지 못하는 사람이 있다. 한평생 승승장구하는 사람도 있고 고생만 하다 가는 사람이 있다. 이와 같은 삶의 불가해성은 무의식의 나, 또는 잠재의식의 나 때문이라고 할 수 있다. 이 책에서는 무의식과 잠재의식을 구분하지 않고 혼용하였다.

조셉 머피, 윌리엄 제임스, 칼 융 등의 심리학자들은 삶의 불가해성과 불합리성을 무의식이라는 개념으로 설명했다. 무의식은 어떤 생각이 긍정적인지 부정적인지 알지 못한다. 의미나 의도도 판단하지 못한다. 무의식은 개인과 집단의 경험이 누적되어 습관으로 뿌리내린 것이다. 의식이 개입하기 전에 자동으로, 관행대로 움직이는 시스템이다.

우주를 바꾸는 무의식의 에너지 파동

생각의 작용, 즉 의식적인 선택과 행동과 감정을 통해 에너지를 방출하는 것처럼, 무의식도 생각, 행동, 감정에 의해 에너지를 방출한다. 방출된 에너지는 자신의 신체에 긍정적이거나 부정적인 영향을 미친다.

또한 자신이 방출한 에너지는 주변뿐만 아니라 우주의 자기장에까지 영향을 끼친다. 얄궂은 인생으로 표현되는 오리무중의 삶이 바로 이 때문이다. 무의식 차원에서 방출되는 에너지는 의식 차원에서 방출되는 것보다 훨씬 강하다.

우리의 말과 행동, 심지어는 표현하지 않은 감정까지도 내면에서 에너지의 파동을 일으키고 있다. 우리가 의식하지 못하는 사이에 가랑비처럼 꾸준하게 우리의 인생을 서서히 적시고 있는 것이다. 자신의 습관과 사고방식이 무의식에 의해 지배받고 있다는 것을 깨닫고 나서야 무의식의 강력함을 느끼는 경우가 많다. 무의식은 의식의 힘을 빌리지 않고 스스로 판단하고 행동할 수 있기 때문이다.

무의식적인 습관은 나도 모르는 사이에 내 삶을 파괴할 수도 있지만, 긍정적인 신념을 형성함으로써 성공적인 삶으로 이끌어주기도 한다. 따라서 긍정적인 무의식을 장착한 사람은 직업적인 성공을 거두고, 풍요로운 삶을 살수 있고, 인생의 문제를 극복해 나갈 수 있다.

반대로 잘못된 신념은 내 삶을 갉아먹는 족쇄다. 이러한 잘못된 신념 중에는 내가 아니라 가족이나 조상, 혹은 사회에 의해 만들어진 것이 더 많다. 그러나 이것을 운명이라는 이름으로 체념하며 받아들여서는 안 된다.

긍정의 힘으로 좋은 카르마를 길러라

처리되지 않은 감정들, 이해받지 못한 감정들, 보살핌받지 못한 감정들은 무의식의 영역에서 강력한 에너지를 지닌 채로 웅크리고 있다. 마치 엄마에게 혼난 아이가 눈에 띄지 않는 공간에 웅크리고 있듯이 말이다. 그 감정이 올라오는 순간 우리의 의식이 저리 가라고 강력하게 거부하기 때문이다. 그 감정이 주는 불편함을 회피하기 위해서다.

이렇게 다시 무의식의 영역으로 밀려난 감정들은 내면의 에너지를 끊임없이 고갈시킨다. 따라서 부정적인 감정들을 살피고 에너지를 주는 긍정적인 감정들로 무의식을 채워야만 한다.

왜냐하면 무의식에 누적된 에너지가 의식을 움직이는 연료이기 때문이다. 그러므로 처리되지 않은 생각과 감정의 에너지를 올바른 방향으로 이끌어야 한다. 그렇지 않으면 공감되지 않고 이해받지 못한 감정들이 내면에 숨죽이고 있다가 때때로 돌발행동을 하게 만든다. 이것이 나쁜 습관이고 나쁜 카르마(Karma)이다.

감정리폼을 통해 새로운 콘텐츠를 창조하라

부정적인 감정이 치밀어오를 때, 나는 감정리폼의 징검다리를 조심스럽게 건너갔다. 그러자 그 감정은 마치 이해받았다는 듯이 구름처럼 흩어졌다. 더 이상은 나를 붙들지 않았다.

그러자 그 감정이 가지고 있던 내용물, 즉 콘텐츠가 달라졌다. 감정 안에 숨어있던 지혜의 메시지를 발견하고, 감정의 에너지를 사용하여 새로운 콘텐츠를 창조할 수 있게 된 것이다. 부정적인 감정을 불러일으킨 낡은 사고 방식에서 자유롭게 풀려나서 예전과는 다른 관점에서 생각하고 행동할 수 있게 되었다. 감정은 바로 이러한 과정을 거쳐서 리폼되어 새로운 에너지로 재생된다.

이 순간이 바로 무의식의 자동화 패턴을 뚫고 자유의지를 사용할 순간이다. 꾸준한 연습을 통해 무의식에 좋은 습관을 뿌리내려야 한다. 그 습관들이 성공을 만들어 낼 것이다.

무의식에 의해 만들어진 습관적 패턴에서 나오는 부정적인 생각은 페르소나의 가면을 쓰고 멀쩡한 척 행동한다. 따라서 감정이 항상 지능(intelligence)의 통제를 받도록 해야 한다. 습관을 바꾸기 위해서는 엄청난 관성을 가진 무의식을 제어해야 하기 때문에 과학적인 프로세스가 필수적이다.

그것이 바로 감정리폼이다.

내면 깊숙이 들어가서 슈퍼의식과 조우하라

불안함과 우울함에서 벗어나고 싶다. 가정과 일터에서 인간관계를 개선하고 싶다, 진행하는 일에서 승승장구하고 싶다. 현 직장을 떠나서 원하는 일을 찾고 싶다. 경제적인 여유를 누리고 싶다. 게으름에서 벗어나고 싶다…

이러한 갈망이 피어오르면 무의식은 이렇게 속삭인다. "너는 아직도 인생이 그렇게 만만하니? 인생은 우울한 거야. 인생은 고행이고 불행에서 벗어나는 건 꿈일 뿐이야. 그저 오늘도 열심히 하루를 버티는 것으로 감사해야 해. 승승장구하고 싶다고? 지나친 욕심 아닐까? 원하는 걸 다 이룰 수는 없어."

이뿐만이 아니다. 주변 사람들이 자기도 모르게 뿜어내는 집단적 무의식도 나의 습관적 사고방식을 강화시킨다. 이럴 때 많은 사람들이 '카르마'라는 말을 떠올리며 이렇게 중얼거린다. "내가 전생에 지은 죄가 많은 걸까?"

슈퍼의식의 도움을 받지 않으면 이러한 부정적인 사고방식과 자동화 시스템을 이길 수 없다. 5%의 의지로 95%의 습관적 행동과 생각을 바꾸거나 고치려는 것 자체가 이미 지는 싸움이기 때문이다.

따라서 게임의 룰을 바꿔야 한다. 이기고 지는 게임이 아니라 협력하는 게임으로 말이다. 협력의 게임을 하기 위해서는 무의식의 영역에서 게임의 패러다임을 바꾸어야 한다.

학자들은 내면의 슈퍼의식에서 나오는 생각을 지고한 생각(High Faculties)이라고 부른다. 평범한 사람도 나쁜 습관을 없애기 위해 힘겨운 투쟁을 하는 대신, 지고한 생각들이 들어있는 슈퍼의식을 이용하면 변화의 게임을 할 수 있다. 그 슈퍼의식은 무의식보다 깊은 곳에 자리한다. 그래서 무의식의 협력 없이는 만날 수 없다.

슈퍼셀프와 진자아의 본질

우리의 내면 깊은 곳에는 무한한 지성과 무조건적인 사랑이 존재한다고 한다. 그러나 예전에는 그 실체를 알지 못했었다. 뇌과학자이자 의사이며 영성지도자인 디팩 초프라의 저서 〈슈퍼브레인〉에서는 이것을 '슈퍼 셀프(super self)'라 칭하였고, 심리학의 아버지인 칼 융은 '셀프'라고 불렀다. 이 외에도 'CHRIST IN SELF', 'NOSELF', 'ATMAN' 등의 종교적인 이름들이 있다.

내가 공부한 코칭에서도 사람은 온전하고, 모든 해답을 가지고 있고, 창의적이며, 무한한 잠재력을 가지고 있다고 전제한다. 모든 영역에서 내면 깊은 곳에 있는 존재의 파워를 이야기하고 있는 것이다. 그러나 그러한 자신을 발견하는 방법이 개념적이고 형이상학적이다. 사실 나는 이러한 거대한 내적 잠재력을 가진 진정한 내가 누구인지 알지 못한 채, 그저 열심히 살기만 했었다.

이 시대 최고의 인문학자요 영성지도자인 에크하르트 톨레는 슈퍼셀프를 진자아(true self)라 부르고 다음과 같이 묘사했다. "이 의식은 깊은 곳에 숨어 있다. 우리의 에고가 바삐 움직일 때는 나올 수 없다. 침묵하고 멈추고 그 깊은 곳에 있는 현존의 의식을 관찰하고 묵상해야 느낄 수 있다. 깊은 존재의 차원을 터치하면, 그 곳으로부터 나오는 정수(essence)가 우리의 삶을 변혁시킬 수 있다. 통찰과 창의적인 충동이 일어나기도 한다. 모든 사람이 내면에 지닌 이 의식의 공간에 무한한 잠재력이 숨어 있는 곳이다. 조건화되지 않은 순수 의식은 이 공간에서 자신이 표현될 기회를 갈망하고 있다."

내면에 대한 상담과 코칭에서 종종 이런 말이 등장한다. "생각을 내려놓으면 무엇이 남는가? 나 자신에 대해 생각하지 않을 때, 내 주변에 대해 생각하지 않을 때, 생각 사이에 있는 공간, 구름 사이에 있는 창공, 그 생각을 넘어선 공간 안에 내가 있다. 이것이 바로 진(眞) 자아다."

그러나 어떻게 해야 생각을 내려놓을 수 있나? 어떻게 해야 진정한 생각으로 들어가서 슈퍼셀프를 만날 수 있는가? 성찰의 과정도 과학적인 지식과 프로세스가 있다면 나를 찾아 가는 길에서 미아가 되지 않을 것이라고 생각했다.

슈퍼의식의 빛으로 타인을 도와라

우리의 내면 깊은 곳으로 내려가야 지혜를 만날 수 있다. 내면 깊은 곳에서 발현되는 지혜, 이것은 신의 형상을 닮은 스피릿(spirit)이다(에카톨레). 바로 이 깊고 신성한 곳에서만이 순수 의식의 주체인 슈퍼셀프를 알아챌 수 있다.

이 순수의식은 옳고 그름에 따른 이원론적인 감정을 초월하여 연민을 느끼게 해준다. 의식의 통합에서 오는 깨달음은 우리를 빛의 차원으로 이끌어준다. 또한 타인들을 빛의 존재로 인식할 수 있도록 도와준다. 모든 사람들은 의식의 빛을 가지고 있기 때문이다. 하지만 우리들의 그 빛이 매우 깊은 곳에 갇혀 있다.

슈퍼의식의 관점에서 의식의 빛을 알아차릴 수 있으면 타인이 스스로 빛을 발산할 수 있도록 도울 수 있다. 이를 통해 타인을 치유하거나 도움을 줄 수 있다. 많은 사람들이 이것을 실천한다면 세상은 훨씬 좋은 곳이 될 것이다.

윌리엄 제임스는 다음과 같이 말했다. "오랫동안 평화와 기쁨, 그리고 행복을 누리고 있다면 당신은 성공적으로 자신의 삶을 경영하고 있다고 여겨도 좋다. 우리의 삶에서 중요하고 변하지 않는 것들은 평화, 조화, 인내, 사랑, 온정 등의 훌륭한 품성의 형태로 내면 깊은 곳에 존재하는 슈퍼의식에서 비롯된다."

슈퍼의식 활용법

슈퍼의식 안에서, 내 안의 위대한 생각의 근원에서, 지금 이 순간을 경험해야 한다. 이때 우리는 과거의 굴레, 소위 말하는 카르마를 초월한다. 과거와 얽힌 매듭이 풀어진 상태를 지켜보게 되는 것이다. 긍정도 부정도 아닌 고요한 마음의 눈으로 눈앞의 상황을 볼 수 있도록 연습해야 한다.

그래야만 감정에 머물지 않고, 과거의 생각으로 판단하거나 해석하지 않고, 그 생각과 감정을 관찰할 수 있는 공간 안에서 슈퍼의식의 위대한 생각을 끌어올릴 수 있기 때문이다. 이것은 운명을 창조하는 과정이다.

이러한 과정은 감정리폼을 설명할 때 세부적으로 다루어질 것이다. 감정리폼을 통해서 평화와 안식을 얻고, 지혜와 지식이 하나가 되어 갈망을 이루는 방법을 배울 것이다.

이러한 연습을 하면 상황과 사람, 사물에 대해 무의식적으로 판단하고 분석하고 해석하지 않게 된다. 슈퍼의식을 만나면 모든 상황을 적절하게 바꾸어놓기 때문이다. 이 적절함은 우리가 진정으로 원하는 어떤 일을 알아차릴 때, 그리고 그 일을 하고자 하는 동기와 목적이 나 자신의 이익을 넘어선 너 크고 위대한 것임을 깨달았을 때 발생한다.

우리가 더 큰 가치를 창출하려는 목적에 이끌릴 때, 슈퍼의식은 우리의 자유의지가 무의식의 패턴을 이겨내고 거대한 힘을 발휘하게 해준다. 자신의 잠재력을 활용하여 가치를 실현하고, 그에 따르는 성취감을 느낌으로써 만족스럽고 행복해지는 것이다.

현재의식과 무의식의 차이점과 작동방식

현재의식은 배의 선장과 같다. 배에 타고 있는 선원들에게 명령을 내린다. 지시를 받은 선원들은 맡은 바 임무를 수행하지만 배의 방향은 알지 못한다. 선원들은 선장의 명령에 복종할 뿐이다.

배는 당신의 인생이고 선장은 현재의 의식이다. 선장이 곧 배의 주인이다. 그래서 무의식은 나의 현재의식이 믿는 그대로 받아들인다. '나는 이제 나이가 들어서 그런 삶을 살 여유가 없어'라고 버릇처럼 되뇌는 것은 선장이 선원들에게 그렇게 명령을 내리는 것과 똑같다. 충실한 선원들은 선장의 지시대로 여유가 없어지는 방향으로 인생이라는 배를 몰아갈 것이다. 우리 속담에도 '말이 씨가 된다'고 했다. 말의 씨앗이 무의식의 넓은 공간에서 현실의 열매를 맺는 것이다.

이러한 무의식의 작동방식은 자신을 보호하기 위한 메커니즘으로 시작된 것이다. 그러므로 인정하고 존중해 주어야 한다. 무의식은 주어진 생각을 판단하지 않는다. 의도나 의미를 살펴서 유추하지도 않는다. 의식이 생각하고 느끼는 모든 것을 여과 없이 받아들일 뿐이다.

'나는 퇴직해서 이런 집에 살 만한 여유가 없어', '나는 저런 차를 탈 수 없을 거야'라고 자주 말하는 사람의 무의식은 그 말을 현실로 만드는 방향으로 작동한다. 상황 자체가 아니라 그 상황을 해석하는 자신의 소극적이고 부정적인 생각이 문제인 것이다. 무의식의 밭에 뿌려진 씨앗이 원하지 않는 열매를 맺는 셈이다. 따라서 이러한 무의식의 메커니즘을 이해하고 활용할 수 있어야 한다.

그러므로 현재의식이 무의식에게 올바른 지시를 내리고 있는지 때때로 확인해야 한다. 이를 위해서는 습관적으로 반응하는 얕은 생각이 아니라 진정으로 원하는 것이 무엇인지, 어떤 모습으로 변화하고 싶은지 깊은 생각으로 알아내야 한다. 의식의 힘을 총동원하여 자신이 진정으로 원하는 것을 찾아내야 한다. 인생이라는 이름의 배가 올바른 방향으로 항해하고 있는지를 시시때때로 살펴야 한다는 뜻이다.

감정을 알아채는 현재의식만이 무의식을 살피고 인생을 원하는 방향으로 끌고 갈 수 있다. 감정의 시그널을 포착하지 못하는 현재의식은 무의식보다 훨씬 느리게 작동하므로 무의식의 작용을 먼저 알아차리거나 선제적으로 대응하지 못한 채, 무의식이 만들어낸 결과를 그저 받아들일 수밖에 없게 된다.

슈퍼의식과 현재의식이 만나는 순간 기적이 일어난다

지혜의 메시지는 무의식 저 깊은 곳에서 보내오는 선물이다. 이 메시지는 현재의식만이 받을 수 있다. 따라서 현재의식 없이는 아무 것도 이루어지지 않는다. 무의식의 빛 안에 무한한 지혜와 힘, 그리고 필요한 모든 것이 숨겨져 있다. (댄 시걸, 에카 톨레, 칼 융) 그것들은 단지 개발되고 표현되기만을 기다리고 있다. 당신의 마음 깊은 곳에 숨겨진 이런 잠재력을 알아채야 한다. 그러면 당신의 잠재력은 곧 형태를 갖추고 외부로 드러날 것이다.

무의식 깊은 곳에 숨어 있는 내면의 빛, 즉 슈퍼의식은 언제 어디에서나 당신이 진정으로 바라는 것을 줄 것이다(에카 톨레). 당신은 창의적인 아이디어를 받아서 새로운 발견을 할 수도 있고, 책을 쓰거나 솔루션을 찾아낼 수도 있다. 이 빛에 이르기 위해서는 과학적인 프로세스를 거쳐야 한다. 그리하면 이 보물을 활용하여 자신의 부가가치를 마음껏 높일 수 있다. 필요한 것은 5분 동안의 멈춤뿐이다.

잠재의식 깊숙이 숨어있는 슈퍼의식이 현재의식을 만나는 순간, 우리의 삶에도 작은 기적이 일어날 수 있다. 그러면 평안하고 잔잔한 기쁨과 희열이 우리를 자유롭게 만들어줄 것이다.

감정리폼에 숙달되면 눈을 감고 1분 정도의 짧은 순간에도 내면의 자신과 진정한 대화를 나눌 수 있다. 그리고 모든 감정을 귀한 손님으로 맞이할 수 있다.

현재의식의 힘만으로는 변화를 이룰 수 없다

당신이 꿈꾸는 목표를 이루기 위해서는 감정리폼을 통해서 슈퍼의식과 조우해야 한다. 결국 무의식의 언어인 감정은 슈퍼의식의 힘과 지혜를 만나기 위한 도구라고 할 수 있다. 현재의식으로는 알 수 없는 무의식의 영역을 파악하기 위해서는 감정과 연합해야 한다. 감정이라는 손님이 떠나야 내가 그 공간에서 슈퍼의식과 조우할 수 있다.

기존의 자기개발 방법론들은 생각과 행동만으로 변화를 만들어내려고 노력해 왔다. 그래서 힘들고 실패율이 높았다. 노력과 고통에 비해 효과가 너무 적은 것이 사실이었다.

잠재의식에 새겨진 것은 무엇이든 실현된다. 건강, 인간관계, 돈, 명예 등에 대한 생각과 감정이 긍정적이든 부정적이든, 의식하든 의식하지 못하든 간에 상관없이 우주의 광활한 스크린에 표현된다. 내가 원하지 않는 온갖 사건들이 끊임없이 일어나는 이유가 여기에 있다.

양자물리학자 막스 플랑크는 "당신이 원하는 것은 슈퍼의식과 현재의식이 만날 때 가장 빠르게 창조된다."라고 말한 바 있다. 이 멋진 표현은 '아는 만큼 보인다'라는 보편적인 진리를 과학자의 언어로 기술한 것 같다.

나의
이야기

다크 스토리를 통해서 깨달은 소중한 가치

오래 전, 미국에서 개최된 어느 국제리더십 행사에 참여한 적이 있었다. 참석자들은 각자의 다크 스토리(dark story: 어두운 기억 또는 흑역사)를 하나씩 발표해야 했다 삶의 아픈 경험에서 어떤 가치를 발견할 수 있는지를 나누기 위해서였다.

참석자들은 나의 다크 스토리에 대해 많은 공감을 해주었다. 내 이야기가 외국 사람들을 감동시켰다는 사실만으로도 위로와 격려를 받은 기분이었다. 그때 내가 이야기한 다크 스토리는 다음과 같다.

초등학교 저학년으로 무렵이었다. 우리 집은 부유하지도 가난하지도 않았지만 우울증과 화병이 있는 어머니 때문에 늘 도우미 언니가 같이 살았다. 도우미 언니가 바뀔 때마다 나에게 시련이 닥쳤다. 내가 도우미 언니의 역할을 해야 했기 때문이다.

어느 날 마당에 앉아 설거지를 하고 있는데, 어머니가 느닷없이 뺨을 때렸다. 요강과 냄비를 구별하지 않고 커다란 설거지 통에서 함께 닦았다는 이유였다. 아마도 나는 수돗가에 즐비했던 그릇들을 모두 통에 담고 수세미로 닦았나 보다. 어머니는 미련하기 짝이 없는 아이라서 요강과 솥단지도 구별 못한다고 말했다. 순간 나의 행동이 답답해서 울화가 치밀어 오르셨나 보다.

그 이면에는 평생 '웬수'라고 부르던 아버지에 대한 분노도 섞여 있었다. 아버지가 일으킨 태풍은 늘 나에게 돌아왔다. 내가 아버지와 꼭 닮았다는 이유였다. 하지만 그때는 내가 불행하다고 느끼지 못했다. 느끼지 않으려고 했던 것 같기도 하다.

국제리더십 모임에서 이 웃픈 해프닝에 대해서 영어로 이야기하자, 사람들이 별안간 폭소를 터뜨리는 게 아닌가? 알고 보니 요강이라는 'Potty'라는 단어와 냄비라는 뜻인 'pot'의 라임(각운)이 맞아서였다. 그때 나뿐만 아니라 많은 사람들이 자신의 아픈 과거를 덤덤하게 이야기했다. 그 과정에서 모두가 함께 카타르시스를 느낄 수 있었다.

내가 어렸을 때, 어머니는 연탄불로 데운 돌멩이를 수건에 싸서 가슴에 올려놓곤 하였다. 따뜻해야 할 어머니의 심장이 얼마나 차가웠으면 물리적으로 데워줘야 했을까? 그것은 생존을 위한 자기 보호 본능이었다. 그러나 당시의 나는 아픔을 질질 흘리고 살아가는 어머니를 이해하지 못했다.

어머니와 나 사이의 거리는 점점 더 멀어졌다. 성인이 되자 어머니로부터 달아나기 위해서 결혼을 택했다. 하지만 웬걸? 남편은 어머니보다 더 큰 아픔을 가지고 있었다. 결혼 생활이 오리무중에 빠졌다. 부부간의 친밀함을 기대할 수 없었다. 나는 아이들을 위해서 살기로 결심했다. 그리고 자아실현과 학문적인 성취를 위해 노력했다. 조금이라도 불행한 기분이 들면 감정을 차단해 버렸다. 채워지지 않은 욕구가 무엇인지 모르고 다만 열심히 살았다.

주위 사람들과의 갈등은 더 높은 목표, 더 바쁜 삶으로 덮어버렸다. 과거의 아픔으로부터 달아나려는 남편과 미래의 파랑새를 잡으려고 질주하는 나. 우리 두 사람은 평행선을 달릴 수밖에 없었다. 접점이 생기기 않았다. 그래서 나는 일과 공부에 의미를 두고 애쓰며 살았다. 허기진 마음은 냉장고 속 음식으로 채워 나갔다. 먹는다는 행위를 통해 공허함을 달랜 셈이다.

어린 시절의 경험과, 결혼, 자녀양육 등에서 생겨난 거대한 스트레스를 이기기 위해서 감정을 차단했다. 감정을 배제하고 살아가는 것, 그것이 내 나름의 생존전략이었다. 하지만 아이들에 대한 감정은 배제할 수가 없었다. 내 영혼과 감정은 사랑하는 아이들로 인해서 매일매일 뒤죽박죽이 되었다. 그것은 허락도 없이 침입한 불청객이 내 집 안방에서 난장판을 피우는 것과 같았다. 내가 아무것도 할 수 없을때 감정을 지켜보게 되었다. 그리고 그 아픈 감정 때문에 오히려 나는 깨달음을 얻을 수 있었다. 결국 감정을 숨기고 무시하거나 배제해서는 안 된다는 분명한 메시지를 경험을 통해 알게 되었다. 감정은 내가 억누르고 치부할 대상이 아니라는 것을 깨달은 것이다. 그것이 나의 첫 번째 감정리폼이었을 것이다.

감정으로부터 도망할 수 없었던 경험들로, 무거운 감정의 에너지를 이겨내기 위해 부단히 무엇인가를 이루어내려고 했던 나는 배움과 성장이라는 가치를 무척 사랑했던 것 같다. 이제 나는 과거의 나와 연속되면서도 매일 새로운 나로 태어날 수 있도록 나를 도울 수 있을 것 같다. 습관이라는 패턴에서 벗어나 더 자유롭고 강인한 삶을 살 수 있다고 확신한다.

감정리폼을 통해 운명의 주인이 되자

삶을 변화시키는 가장 좋은 방법은 새로운 운명을 창조하는 것이다. 운명이란 습관에 의한 사고방식의 패턴일 뿐이다. 우리의 생각, 말, 행동, 감정이 제멋대로 주인 행세를 하는 것, 그것이 바로 습관이다. 그리고 그 습관이 굳어지면 운명이 된다. 이것이 내가 정의한 운명이다.

감정은 부모가 물려준 문화적 유전자다. 이러한 감정이 고통스러운 경험과 결합하여 운명을 낳는다. 그러므로 운명에 예속된 삶은 철저하게 패턴에 갇혀서 사는 삶이다. 한 사람의 운명은 그 사람의 잠재의식 속에서 세력을 확장한다. 인간의 몸과 마음과 영혼을 빼앗아 자신의 장난감으로 만들기 위해서다.

그래서 예전에는 대부분의 사람들이 타고난 운명을 두려워했다. 나역시도 그러했다. 그러나 더 이상은 아니다. 더 이상은 운명이라는 단어를 두려워하지 않는다. 부담스럽거나 거추장스럽지도 않다. 나는 나의 운명을 재정의하고, 새로운 운명의 패턴을 만들고 있다.

예전의 나는 슬픔을 느끼지 않기 위해 감정을 닫아버리고 목적지향의 삶에 집중했다. 하지만 감정리폼을 알고 나서는 달라졌다. 나는 다시 감정을 소중히 여기며 존중하고 있다. 더 나아가 사람들이 감정에 담긴 메시지를 올바로 해석할 수 있도록 돕고 있다. 그리고 이를 통해 오만가지 생각과 감정들을 정리하고 습관적인 생각과 지적인 생각들을 분별하여, 자신이 진정으로 원하는 일을 성취해낼 수 있도록 돕고 있다. 바로 감정리폼을 실행하도록 지원하고있다.

　우리모두 충분히 가능하다. 습관화된 무의식의 패턴을 바꾸기만 하면 된다. 그러면 새로운 운명이 찾아올 것이다. 그러면 Human이라는 물질적 차원에서 100%, Being이라는 영적인 차원에서 100%, 합쳐서200% 충만한 삶을 살아갈 수 있다. 매일 5분 동안 자신의 감정과 만날 용기만 있으면 된다.

앞으로의
나

왜 감정을 돌보아야 하는가?

감정을 조절하지 못해서 후회해본 적이 있을 것이다. 감정을 조절하는 방법을 가장 먼저 연구한 사람은 예일대학 총장인 피터 슬로비 박사와 심리학의 거장 존 메이어 박사다. 이들은 감성 지능(Emotional Intelligence)이라는 개념을 창안하였다.

이것을 한 마디로 요약하면 "감정을 어떻게 지적으로 인식할 것인가?"라고 할 수 있다. 예일대학에서 진행하는 감성지능 리더십 트레이닝에 참여하여 슬로비 박사의 고민을 들은 적이 있다. 그는 감정이 지능과 통합되어 표현되기 위해서는 현재의식에 영성의 빛이 비추어져야 한다고 보았다.

영성의 빛이란 존재의 의식을 말한다. 현재의식이 깊은 내면의 존재를 알아차려야 전두엽의 슈퍼브레인이 감정을 조절할 수 있기 때문이다. 그렇지 않으면 존재로부터 나오는 높은 차원의 의식은 뒷전으로 물러나고 우리는 늘 여러 가지 생각의 패턴들을 자신의 생각인 것처럼 착각하고 환경에 민감하게 반응하며 살아가게 된다는 것이 요지였다.

슬로비 박사는 감성지능 리더십이 올바로 이해받지 못하는 것을 늘 안타까워했다. 감성지능 리더십의 역량개발적인 측면과 마인드적인 측면만이 강조되고 있다고 생각했기 때문이다. 그가 주목한 것은 감정과 감성이었다. 화학적 변형(Transmutation)의 과정을 통해서 감정이 감성으로 대체되어야 한다고 그는 생각했다.

진정성은 무엇인가? 그것은 감정으로부터 도망치지 않는 것이다. 내면으로 침잠하여 감정의 정수를 느끼는 것이다. 그렇다고 진정성 있는 감정표현이란 화가 나면 화를 내고 슬프면 우는 것만을 의미하지 않는다. 에고의 내가 느끼는 감정을 내면의 자신과 거리를 두고 물론 고통스러운 감정을 끌어 안는 일은 힘이들고 두려운 일이다. 하지만 20초면 된다. 심호흡 3번과 함께 잠시 멈추어서 감정을 알아차리되 그 감정의 옷을 입지 않아야 한다. 20초 안에는 엄청난 뇌과학의 진실이 숨어있다. 그것만으로도 당신은 인생에 어마어마한 투자를 하는 셈이다.

그 보상은 상상을 초월한다. 그러니 잠시만 기다리자. 그 마법은 감정리폼이라는 이름의 명상을 통해 진정한 자기 자신을 깨달아가는 과정에서 나타난다. 지금 내가 어떤 감정이고 이 감정이 왜 생겨났는지, 내가 진정으로 원하는 것이 무엇인지를 스스로 관찰하고 표현하게 된다. 이것이 바로 감성지능이 말하는 진정성이다.

감정을 돌보는 것은 자기 자신을 돌보는 것이다. 감정을 아는 것은 자기자신을 아는 것이다. 그런데 실상은 불편한 감정이 올라오면 감정 그 자체를 살피지 않고 무작정 불편함부터 해결하려고 한다. 기억과 경험과 무의식에 따라 자동적으로 불편한 감정을 습관적으로 발산해 버린다. 물론 사람마다 감정에 반응하는 방법은 다르다. 문제는 대부분 지성을 사용하지 않는 다는 것이다.

그러나 감정을 겉으로 쏟아 내는 것보다 수용하고 받아들이는 게 훨씬 더 중요하다. 얼핏 보면 고통스럽고 아파 보인다. 그러나 이것은 예방접종을 맞을 때 잠간 따끔한 것처럼 일시적인 것이다. 그러나 그 효과는 기적과도 같다. 감정을 돌보는 시간은 신성하고 아름다운 변혁의 과정이며, 혁신을 창조하는 나를 진정으로 알아가는 순간이기 때문이다.

감정을 알아야 나를 알 수 있다

"지금 내 감정이 만족스럽지 못하다고 해서 덮어버리지 말고 소중히 돌보아야 한다. (중략) 이것이 바로 매일 새롭게 사는 길이다." 헨리 소로우가 일기장에 쓴 말이다. 이것은 뇌과학과 심리학의 설명과 일치한다.

뇌신경학적으로 어떤 자극을 받았을 때, 그 신호를 가장 빠르게 전달하는 것이 바로 감정이다. 외부 환경의 자극 혹은 내면의 생각이 발생하는 순간, 감정이 우리의 몸에 시그널을 보낸다. 그 시그널 안에는 정보와 파동을 지닌 에너지가 내포되어 있다. 그래서 감정을 몸의 언어라고도 한다. 뇌가 이성적으로 해석하기 이전에 몸이 즉각 반응할 수 있게 해주기 때문이다.

감정은 내가 외부 상황과 자극을 어떻게 느끼고 있는지 알려준다. 겉으로는 보이지 않은 것을 느끼게 해주는 직감도 감정의 일종이다. 예를 들어 눈앞에 있는 사람이 입으로는 좋다고 말하면서 몸으로는 부정적인 에너지를 뿜어낸다면, 우리의 감정과 직관이 그 신호를 포착하기 위해서 움직이기 시작한다. 비언어적으로 발산되는 에너지를 통해서 표현되지 않은 메시지를 느끼기 위해서이다.

그런데도 우리는 감정과 직관의 시그널을 외면하는 경우가 많다. 감정의 진정성을 무시하고 이성의 뇌가 내리는 판단과 해석을 곧이곧대로 믿어버리는 것이다.

이성은 논리적이고 과학적으로 보이지만 실제로는 불합리한 경우가 많다. 이성적이고 의식적인 생각과 습관적인 패턴에서 나온 생각은 하늘과 땅만큼 차이가 있다. 그럼에도 불구하고 대부분의 사람들이 수많은 생각들을 분별하지 않은 채로 살아가고 있다. 자신의 판단과 해석은 전부 이성적이며, 따라서 당연히 옳다고 여기는 것도 문제다. 때때로 이성에는 감정 특유의 진정성도 없다.

감정은 두 가치 차원에서 설명할 수 있다. 하나는 개인의 경험을 통해서 기억된 정보이고, 다른 하나는 부모나 사회로부터 물려받은 정보이다. 외부의 자극에 반응하는 감정은 과거의 경험을 끄집어낸다. 이때 그 경험과 관련된 감정들도 수면 위로 올라온다.

이러한 경험과 감정들은 과거의 생각과 밀착된다. 그리하여 과거의 습관적 패턴대로 행동하게 만든다. 행동을 바꾸려는 노력이 늘 실패하는 이유가 여기에 있다. 늘 하던 생각과 태도 안에서 얄팍한 변화만을 추구하기 때문이다.

이런 맥락에서 볼 때, 감정은 우리가 인지하지 못한 채로 갇혀 살아가고 있는 습관화된 패턴으로부터 벗어나기 위한 장치, 혹은 시그널이라고 할 수 있다. 하지만 우리는 이 시그널을 사용해서 갇혀있는 자신의 진정한 모습을 해방시켜주지 않고 있다. 스스로의 거룩한 의무를 무시한 채, 그저 바쁘게만 살아가고 있다는 말이다.

감정을 살피지 않으면 자아실현이 힘들어진다. 꿈을 성취하고 삶의 목적을 이루는 것이 근본적인 한계에 가로막힌다. 결국 고차원적인 욕구의 실현에 실패하고, 생존에 대한 욕구와 생리적인 욕구를 실현하는 저 차원의 단계에 머물게 된다.

감정은 삶을 완성시켜주는 보물이다

심뇌과학을 연구하는 하트매스 연구소의 실험 결과, 부부싸움으로 인한 부정적인 감정이 해결되지 않은 상태로 다른 일을 했을 때, 자율신경이 안정을 찾고 흥분을 진정하는 데까지는 세 시간 이상이 필요했다. 자신은 부정적인 감정을 해소했다고 생각했는데, 알고 보니 싸움 이전의 상태로 돌아가기까지 서너 시간이나 걸렸다는 뜻이다. 이것은 부정적인 감정이 우리의 몸 속 어딘가에 숨어서 우리의 에너지를 갉아먹는다는 사실을 잘 보여준다.

그러나 그러한 고통스런 감정과 함께하면서 보듬어준다면, 당신이 예상했던 것보다 훨씬 더 큰 보상을 받을 수 있을 것이다. 연구 결과에 따르면 자기 자신의 감정에 공감하기 위한 시간은 20초 정도면 공감받은 감정은 떠날 준비를 한다는 것이다.

감정에서 빠져나오는 시간은 사람마다 다르다. 몇 시간, 몇 주는 물론이고 몇 년이 걸릴 수도 있다. 평생의 숙명으로 받아들이는 사람도 있다. 이 시간을 줄여야 한다. 나는 감정을 살피는 일이 삶의 목적이 되고, 성공이 되고, 희열이 될 수 있다는 것을 발견했다. 그러자 우리의 내면에 내재된 이 최첨단의 기술을 반드시 사용해야 한다는 사명감까지 느끼게 되었다.

화가 난다고 해서 아무 생각 없이 화를 내거나, 반대로 무조건 그 화를 모른척하고 억눌러서는 안 된다. 그러면 기억이나 트라우마가 우리의 몸과 마음을 지배하게 되기 때문이다. 이때 기억이나 트라우마, 또는 생각이 나를 지배하게 두어서는 안 된다고 알려주는 것이 바로 감정이다.

그래서 왜 이 감정이 올라왔는지를 살펴보고 이해해주려고 노력해야 한다. 그렇게 하면 인생의 목적지에서 이탈할 가능성이 크게 줄어든다. 우리의 목적은 감정의 메시지를 알아차리는 것이다. 감정의 드라마에 휘말리는 것은 바람직하지 않다. 드라마가 끝난 후에 너무 큰 대가를 치러야 하기 때문이다.

이와 같이 감정은 우리에게 큰 자산이 되어줄 수 있다. 그런데도 수많은 사람들이 이 엄청난 보고를 괴물 취급하며 판도라의 상자 안에 가둬놓기만 한다. 감정은 무한한 자원과 잠재력과 비전으로 우리를 이끌어주는 고마운 시스템이다. 그러므로 우리는 항상 감정을 살펴보고 주의 깊게 분석해야 한다.

당신은 감정이라는 이름의 상자를 열어볼 준비가 되었는가?

세 가지 마음과 다섯 가지 뇌가 알려주는 것들

뇌는 그저 1.5kg의 장기일 뿐이다. 그 안에는 영상도 없고, 소리도 저장되어 있지 않으며 기억력이나 자아도 없다. 그렇다면 무엇이 대우주를 관조하고 소크라테스의 철학적 질문을 이해하게 해주는 걸까?

뇌에서 의식을 관장하는 부분과 무의식을 관장하는 부분은 다르다. 뇌의 윗부분에서 작동하는 상향식 시스템, 즉 'High Road'를 의식의 뇌라고 한다. 그보다 하부에서 작동하는 하향식 시스템, 즉 'Low Road'를 무의식의 뇌라고 부른다(Social Intelligence, Dan Goleman (New York: Bantam, 2006).

이와 같이 두 개의 영역으로 나누어지기 때문에 인지과학자들은 우리의 두뇌를 분리된 마음(mind)이라고 부르기도 한다(Thinking Fast and Slow, Daniel Kahneman / New York: Farrar, Straus & Giroux, 2012).

디팩 쵸프라 (Deepak Chopra)는 리더십의 개선을 위해서는 두뇌가 어떻게 작용하는가를 이해하는 것이 중요하며, 이러한 이해를 바탕으로 작업의 성과와 만족도를 실질적으로 높일 수 있다고 주장했다. 조직의 구성원들이 고성과를 거두고, 더 나아가 조직 전체가 발전하기 위해서는 뇌과학을 배워야 한다고도 말했다. 뇌과학을 배우는 것이야말로 가장 효율적이고 효과적인 리더십 개발 방법이라고 역설한 것이다.

그는 영성과 뇌과학에 전문성을 가진 학자이며, 하버드대학의 '몸과 마음 센터(Body & Mind Center)' 창설에 공헌한 바 있다. 그의 저서 '슈퍼브레인'에 따르면, 우리가 몸과 마음을 통합시키는 순간 슈퍼브레인 (전전두엽)이 활성화되기 때문에 통합적이고 전인적인 능력을 발휘할 수 있다고 한다. 즉 뇌의 3가지 기능이 통합되면 슈퍼브레인이 활성화되고, 이를 통해 삶을 업그레이드시킬 수 있다는 것이다.

인지심리 뇌과학자인 댄 시걸(Daniel Seagel)은 뇌의 구조와 기능에 따른 마음(생각, 사고방식)을 다음과 같이 세 가지로 구분하여 설명하였다.

첫째, 원시의 뇌와 생존에 반응하는 마음

원시의 뇌는 가장 오래된 뇌로서, 불확실한 환경 속에서 생존하기 위한 마음, 즉 마인드(mind)이다. 원시의 뇌는 음식을 소화시키고 심장기능을 조절하며, 위험에 처했을 때 방어기능을 작동시킴으로써 생존의 가능성을 높여준다. 위험에 처했다는 것을 깨닫는 순간, 우리는 반사적으로 도망치거나, 맞서 싸우거나, 꼼짝도 못하고 얼어붙는다.

우리의 뇌는 생명과 호흡을 유지하기 위해 기적적인 역할을 한다. 그러다가 위협을 감지하면 생존을 위한 투쟁 모드로 변환된다. 그 결과 우리 몸의 면역기능이 떨어지고 소화기능, 심장기능을 위해 사용되어야할 에너지가 전투준비를 위해 소진된다.

둘째, 감정의 뇌와 수용하고 인정하는 마음

중뇌라고 하는 변연계는 감정을 관장한다. 환경에 대한 위협이 사라지고 생존에 문제가 없다고 생각될 때 활성화된다. 상대방을 수용하고 인정하는 마음이 생겨나는 것이다. 주변 사람들과 협력하게 해주고 사랑과 존중, 그리고 연대감을 느끼게 해준다. 가정, 학교, 회사, 사회에서 위협을 느끼면 원시의 뇌가 생존을 위한 방어기제에 집중한다. 따라서 감정의 뇌는 제 기능을 하지 못한다.

셋째, 이성의 뇌와 자아실현의 마음

신피질이라 불리는 이성의 뇌는 육하원칙에 따라 사고한다. 능동적 동기부여를 통해 비전과 목표를 추구하기 위한 전략을 구상한다. 원시의 뇌가 방어기제에 몰두하면 이성의 뇌도 제 기능을 하지 못한다.

넷째, 슈퍼브레인과 통합과 조절의 마음

하트매스 연구소의 과학자들은 40여 년간 뇌와 심장의 기능을 연구해왔다. 이들은 전전두엽을 슈퍼브레인 또는 '제4의 뇌'라고 부른다. 전전두엽은 신피질이라 불리는 이성의 뇌에서 아주 작은 부분을 차지하고 있다.

전전두엽은 통합과 조절을 담당하며, 합리적인 판단, 집중력과 몰입, 창의성과 혁신적 아이디어도 만들어낸다. 조화와 중립을 통해 원만한 대인관계를 구축하도록 기능한다.

전전두엽이 이러한 역할을 잘 수행하기 위해서는 원시의 뇌가 위협으로 생각하는 무의식적인 패턴을 멈추어야 한다. 과거의 경험이 더 이상 사실이 아니라는 것을 연습을 통해서 인지해야 한다.

다섯째, 심뇌와 온정의 마음

최근 뇌과학이 빠르게 발전함에 따라 전전두엽과 심뇌의 정신적, 심리적, 신체적 기능이 속속 밝혀지고 있다. 뇌과학은 심뇌를 5번째의 뇌라고 칭하면서 보다 구체적으로 뇌의 구조와 기능을 알려주고 있다.

뇌가 온전하게 기능하기 위해서는 무엇보다도 의식적이고 의도적인 훈련이 필요하다. 불확실한 환경에 처했을 때, 그것을 곧바로 위협으로 간주하여 무의식적 방어기제를 펼쳐서는 안 된다. 원시의 뇌만 사용하는 무미건조한 삶, 투쟁으로 점철된 삶을 살아갈 확률이 커지기 때문이다.

하루 5분간, 6개월간 감정리폼을 연습해보자. 그러면 뇌의 5가지 기능을 모두 활성화하는 훈련이 되며, 물리적으로 뇌의 지도가 바뀐다고 뇌과학자들은 말한다. 더 나아가 원하는 삶을 향해서 즐겁게 나아갈 수 있게 된다.

심뇌 (Heart Brain)란 무엇인가

최근에 뇌과학과 관련해서 가장 놀라운 사실은 뇌세포가 온 몸에 퍼져 있다는 것이다. 뇌세포는 주로 뇌, 심장, 내장에 퍼져 있다. 즉 머리와 가슴, 복부에 주로 자리잡고 있는 것이다.

더욱 놀라운 것은 뇌세포가 뇌 안에 많긴 하지만 정보를 취합하는 기능은 극히 일부만을 담당한다는 사실이다. 가슴(심장)과 내장에서 뇌로 보내는 정보량이, 뇌에서 오감을 통해 수집하는 정보량보다 90퍼센트나 많다고 한다.

즉 두뇌만 생각하는 것이 아니라 심장도 생각하는 것이다. 심장에서 머리로 전송하는 정보가 반대의 경우보다 무려 아홉 배나 많다. 이것은 모든 것이 감정으로 귀결될 수밖에 없다는 것을 시사한다.

심장은 뇌보다 50배 강한 전기에너지를 내보내고 5,000배 강한 자기장의 에너지를 갖고 있는 에너지 덩어리라 해도 과언이 아니다. 감정을 느낄 때 심장에서부터 느껴지는 이유가 여기에 있다.

또한 심장에는 호르몬을 생산하는 정교한 신경망이 집중되어 있다. 그래서 제2의 뇌라고 불린다. 우리가 아무리 머리를 써서 생각해도 심장에서 알아차리는 정보량의 10분의 1밖에 되지 않는다. 이러한 놀라운 사실은 심장에서 두뇌로 올라가는 에너지와 정보량의 흐름을 보여주는 심뇌과학 실험에 의해 입증되고 있다. 단지 우리가 의식하지 못하기 때문에 모른다고 생각할 뿐이다.

태아가 처음 태반에 정착을 할 때 가장 먼저 생기는 장기가 심장이다. 뇌는 가장 마지막에 생긴다. 태아는 뇌의 기능은 없고 심장의 기능만 존재한다. 심장은 살을 찌게 하고 뼈를 튼튼하게 해주며, 면역체계를 가동시켜주는 강력하고 역동적인 시스템이다.

심장은 우리가 인식하지 못하는 사이에 무의식의 자동화를 통해서 뇌로 정보를 올려보낸다. 뇌는 이 정보를 토대로 신경전달 화학물질을 생성한다. 그 종류는 2,800여 가지나 된다. 이중에서 1,400여 가지는 우리 인체에 해를 끼치는 독성 화학성분이고, 나머지 1,400여 가지는 인체에 도움을 주는 화학성분이다. 후자의 화학성분들은 60조 개의 인체세포에 에너지를 전달하고, 면역력을 강화하고, 노화를 방지하고, 좋은 호르몬이 뇌하수체에서 생성되도록 돕는다. (조 디스팬저)

이것은 무엇을 의미하는가? 우리의 심장이 우리의 내면 깊은 곳에 있는 존재의 힘에서 나오는 슈퍼의식을 느끼도록 해야 한다는 것이다.

나의 뇌가 내 삶을 창조한다.

오늘날 뇌과학의 황금기를 선도하고 있는 하버드 의과대학의 루돌프 (Rudolph E. Tanzi) 교수는 "뇌세포가 얼마나 많은지, 뇌의 사이즈가 얼마나 큰지, 시냅스가 얼마나 많이 연결되어 있는지, 어떤 유전적 형질을 물려받았는지는 행복한 삶, 성공적인 삶과 무관하다. 중요한 것은 뇌활동과 신체활동을 통해서 어떤 화학물질이 어떻게 분비되는지를 아는 것이다. 더 나아가 이러한 화학물질이 우리의 몸과 마음에 어떤 영향을 미치는가를 알아야 한다."라고 주장하였다. 이제 뇌과학은 감정을 경영하는 것이 뇌와 신체에 미치는 영향을 실증적으로 보여주고 있다. 실용과학의 차원에서 우리의 삶에 도움을 주고 있는 것이다.

세포생물학자인 브루스 립튼은 '신념의 생물학'이라는 저서에서 "나는 나 자신에게 꼭 필요한 화학물질을 처방하는 화학자다."라고 말했다. 이것은 후생학적 접근법으로써, 인간의 삶이 단지 카르마의 결과가 아니라, 카르마 그 자체를 창조한다는 사실을 과학적으로 입증하고 있다.

나의 코칭은 고객의 목표달성에 집중하는 대신, 무의식과 신념을 변혁시켜서 자신의 정체성을 찾도록 돕는다. 그래서 뇌과학을 만나지 않을 수 없었다. 나는 세계적으로 인정받는 마스터코치(MCC)로서 코칭과 심뇌과학을 접목하여 코칭-멘토링 교육 프로그램을 만들었다. 이 과정에서 나의 코칭 지향점이 바뀌었다. 세상이 아니라 각자의 생각과 감정에 영향을 미치기 위한 코칭으로 유턴한 것이다.

그 덕분에 격동의 코로나 기간에 평화를 연습하고 경험할 수 있었다. 교육을 받지 않아도 독자 스스로 자신에게 필요한 화학물질을 신체에 분비하는 연습을 할 수 있는 방법, 그것을 담은 책을 쓰기로 마음먹었다. 이 책이 바로 그것이다.

감정을 존중하고 보살펴주자
부정적인 감정은 알아만 주어도 다른 극으로 이동한다. 이러한 전환은 20초만 있으면 가능하다. 그 20초만 감정과 함께해주면 몸에 해로운 화학성분이 분출되지 않는다. 놀랍고도 신비로운 과학이 아닐 수 없다. 이 과정은 우리가 알지 못하는 사이에 매우 빠르게 지나간다. 따라서 보이지 않는 뇌와 신체를 더듬어 관찰하기 위해서는 과학적인 테크닉이 필수적이다.

과학적 테크닉으로 미쳐 날뛰는 말을 명마로 온순하게 다스릴 수 있듯이, 나를 휩쓸어 버릴 것 같은 토네이도급의 감정도 다스릴 수 있게 된다. 그 방법을 배우면 스트레스성의 독성 호르몬이 온몸에 퍼져 나가서 심신의 건강을 해치는 일이 생겨나도록 허락하지 않을 것이며, 아무 것도 모르고 있다가 몇 시간이나 지난 뒤에야 진정되는 악순환을 되풀이하지 않아도 된다.

그러므로 감정을 회피하거나 무시해서도 안 된다. 아픔을 느끼는 것이 두려워서 가슴을 닫아버릴 경우, 사랑, 온정, 소속감, 존중, 수용 등과 같은 고차원적이고 긍정적인 감정도 느끼지 못하게 된다. 우리는 이 부분을 잊지 말고 깊이 생각해보아야 한다.

에고와 내면의 존재 경청하기

우리는 상대방이 나를 인정해 주기를 갈망한다. 상대방이 내 이야기를 진심으로 들어주면 부끄러움이 사라지고 부족해도 열심히 해보고 싶어진다. 자신감이 생기고 자존감에도 긍정적인 영향을 준다.

그러나 상대방이 건성으로 듣거나 무시할 경우에는 수치심이나 모멸감을 느끼게 된다. 이러한 경험이 쌓이면 마음의 상처가 되고, 열등감, 우울감, 좌절감으로 악화되어 사람을 기피하게 만들기도 한다. 이렇게 에고의 자아가 말하는 감정의 이유를 경청하는 것이 나와의 관계, 타인과의 관계에서 매우 중요하다.

또 하나의 경청은 나의 내면 깊은 곳에 있는 존재가 내는 소리를 듣는 것이다. 이것은 나 자신의 진심에 귀를 기울이는 경청이다. 내면 깊은 곳에 있는 나의 존재를 존중하고, 나의 의도를 들어주고 이해해줄 사람은 과연 누구일까? 그것은 물론 '나 자신'이다. 내가 나의 마음의 소리와 감정을 느끼고 들어주지 않는다면, 대체 누가 그렇게 해줄 수 있단 말인가?

자신의 내면을 이해하지 못한 채로, 머리와 가슴이 분리된 채로 자신에게 이방인처럼 살아간다면, 자신을 포함한 그 누구의 존재도 이해하거나 경청해줄 수 없을 것이다. 따라서 나 스스로를 살피고 인정하고 존중하는 방법을 배우는 것이 무엇보다도 중요하다. 이것이 소크라테스가 설파하는 '너 자신을 알라!'의 핵심이 아닐까? 내면의 자신을 이해하고, 내면에서 내는 미세한 소리와 감정을 살펴서 진짜 자신을 아는 것 말이다. 이를 위해서는 자신의 몸과 마음에 귀를 기울여야 한다.

나를 아는 것은 감정과 생각을 관찰하고 들어주는 것에서 시작한다. 그것을 반복하다 보면 진정 원하는 것이 떠오르고, 그것을 실현하기 위해 무엇을 해야 할지를 알 수 있게 된다.

자신의 내면에서 보내오는 진정한 메시지에 귀를 기울여보라. 그러면 인생을 바꿀 강력한 질문들과 마음속 깊은 곳으로부터 올라오는 갈망들을 포착할 수 있을 것이다. 여기에는 나 자신만을 위하는 이기심을 초월하는 선한 의도가 있다. 보다 크고 숭고한 가치를 창출하려는 아름다운 마음도 있다.

경청이라는 스킬의 진정한 목적은 상대방을 이해하는 것이 아니다.

나 자신의 근원적 가치를 알고 그 가치를 삶의 현장에서 실천하며 살아갈 수 있도록, 나 자신을 알아가기 위한 기술인 것이다. 눈을 감고 내면의 존재와 침묵의 대화를 나눌 수 있다면 당신은 온 세상을 얻게 될 것이다.

극과 극은 통한다

우리 모두는 행복한 가정을 꾸려가고 싶어한다. 그래서 예전에 놓쳐버린 것들을 이루기 위해서 뒤늦게 애쓰는 경우가 많다. 직장생활도 마찬가지다. 부하직원이나 상사, 동료들과의 껄끄러운 관계를 개선하고 싶어서 그들의 말을 경청하려고 애쓴다. 타인이 아니라 자기 자신을 위해서, 자기 자신이 원하는 모습이 되기 위해서 노력하기도 한다. 이러한 노력은 자신이 가장 소중하게 여기는 가치를 살아가고자 하는 소망때문에 변화에 대한 갈망을 느낀다.

하지만 이렇게 긍정적 마인드를 가지고 변화하려는 순간, 내가 원하던 모습과는 또 다른 방해물들이 나타나서 변화를 포기하는 경우도 많다. 그렇게 되면 성장하고자 했던 목표와 결심조차 잊어버리고 살아가게 된다.

그런데 이러한 과정이 무조건 나쁜 것일까? 그렇지 않다. 나는 이러한 시행착오와 실패의 과정이 자연스러운 현상이었음을 깨달았다. 특히 인간관계, 그 중에서도 가족과의 관계를 통해서 실패의 목적과 의미를 이해하게 되었다.

모든 것이 빛이라면 어둠을 어떻게 알까? 나답지 않다는 것을 모르면 진짜 나를 어떻게 알까? 추위가 존재하지 않는 세계에서는 더위의 느낌을 알 수 없다. 반대쪽에 있는 것들이 사라지면 그것들을 경험할 수 없다. 단지 개념으로만 이해할 수 있을 뿐이다. 열대지방 사람들은 하늘에서 내리는 눈을 책이나 영화를 통해서만 알 수 있는 것과 같다.

분노와 투쟁이 없다면 평화를 진정으로 이해할 수 없다. 노는 것을 지나치게 좋아하던 어머니가 없었다면, 배움이 얼마나 중요한지를 절감하지 못했을 것이다. 과거의 환상에 갇혀 사는 남편을 몰랐다면, 미래를 꿈꾸는 연습을 하지 않았을 것이다.

이와 같이 우리를 움직이게 하는 힘은 우리가 원하는 것과 반대의 상황이나 환경, 혹은 관계 속에서 발견되는 경우가 많다. 이때 우리의 신체는 강렬한 시그널을 보낸다. "이건 아니지!"하는 느낌. 이것을 알아차려야 한다. 이것을 경험하면 자신이 진정으로 원하는 것이 무엇인지를 느낄 수 있다. 개념적으로 아는 것과 실제로 경험하는 것은 하늘과 땅 차이다.

원하는 것을 현실로 만드는 힘은 어디에서 발휘되는가?

자신이 원하는 것과 반대의 상황을 겪어보면 자신이 원하는 삶이 어떤 것인지를 느낄 수 있다. 따라서 원하는 것과 정반대의 상황을 만난 것에 감사할 수 있다. 나를 일깨워주었기 때문이다. 내가 원하는 이상과 다른 것, 반대되는 것들을 경험함으로써 인생에서 길을 잃지 않도록 해주기 때문이다.

현재의 안정된 상태를 벗어나려는 시도를 막기 위해 불안을 조장하는 것을 '항상성의 원리'라고 한다. 물리학에서는 '작용과 반작용의 법칙' 또는 '양극의 원리(the law of polarity)'라고 부른다. 우리가 스스로를 변화시키기 어려운 것은 이와 같은 자연의 법칙들 때문이다. 이것을 이해하면 자책하고 좌절하면서 시간과 에너지를 소모하지 않을 수 있다.

간절히 바라는 꿈과 목표, 갈망을 이루지 못할 때, 대부분의 사람들은 낙담하고 포기한다. 이것이 나의 한계라고 생각하며 타협하고 만다. "그래, 그건 애초에 내가 할 수 있는 일이 아니었어. 지금 살아가는 것만으로도 힘겨운데…" 그리고 계획을 수정하거나 바꾼다. "그래, 내 욕심과 야망이 너무 컸어. 나는 이 일을 시작하기에 너무 늦었어. 나이가 너무 많아." 나도 그랬었다.

이런 현상이 나타나는 이유는 변화할 자신이 없기 때문이다. 변화에 대한 두려움 때문이기도 하다. 뇌는 축적된 경험과 사고의 패턴에 따라 작동하며, 변하는 것은 위험하다고 계속해서 상기시킨다. 왜냐하면 뇌는 번영과 발전이 아니라 생존을 위한 시스템이기 때문이다. 따라서 우리의 두뇌가 내는 패턴화된 경고음을 듣고 포기하거나 주저앉지 않는 것이 중요하다.

무의식의 프로세스는 급격한 변화에 대해서 저항한다. 저항은 에너지를 일으킨다. 이 에너지는 우리에게 두려움이나 불편함을 준다. 이러한 상황이 벌어지는 데는 이유가 있다. 자신이 원했던 것과 정반대의 상황을 통해서 자신이 원하는 것을 분명하게 깨닫게 된다.

이런 원리를 이해하고 삶에 활용하면 변화에 대한 저항 때문에 고생하지 않아도 된다.

"내가 원하는 것을 얻기 위해서 두려움과 저항의 에너지를 추진력으로 삼겠다!"라는 선택을 하기까지의 과정인 것이다.

알아차리는 지혜

알아차리는 지혜란 일상에서 불편함의 감정이 올라오는 순간, 감정의 원인을 이해하고 감정이 진정으로 원하는 것을 알아차려서 욕구를 해결하는 것이다. 이 지혜는 우리의 마음속 깊은 곳에 내장되어 있다.

내가 삶에서 체험하고 싶은 것들이 내 눈앞에 나타나기 직전, 마치 방해라도 하 듯이 그 모습과는 거리가 먼 현상들이 나타난다. 양극의 자연법칙이 마치 새로운 지혜를 맞이할 준비를 돕는 듯 하다. 우리는 이 지혜에 접근해서 지혜가 전하는 정보를 발굴해야 한다. 그래야만 우리가 가진 잠재력을 발휘할 수 있다.

지금 이 순간, 당면한 환경과 겉모습으로 판단해서는 안 된다. 내면의 지혜는 삶을 짓누르는 절망의 순간을 통과할 수 있게 해준다. 이 지혜는 모든 사람의 내면에 존재한다. 내가 원하는 것들의 우선순위를 조정하고, 무엇부터 해야 할지 선택하도록 돕는다. 세계와 인생과 나 자신에 대한 다른 관점을 열어주기도 한다.

모르는 장소에 가기 위해서는 내비게이션이 필요하듯이, 잠재의식의 깊은 내면의 지혜와 만나기 위해서는 몸 안에 내재된 고도로 발달한 감정이란 테크놀로지를 사용해야 한다. 그 출발은 자신의 감정을 받아들이고 존중하는 것이다. 그러면 우리 내면에 있는 지혜가 스스로 밝게 드러날 것이다. 그 지혜는 연꽃이 진흙에서 피어나듯이, "진흙과 같은" 감정을 지나고서야 발견할 수 있는 선물이다.

이것을 뇌과학의 관점으로 표현하면 다음과 같다. 우리의 의식이 감정을 살피는 순간, 감정을 관장하는 변연계가 무의식적인 반응기제에서 의식의 대응기제로 기어를 시프트한다. 이때 전전두엽이 감정을 살펴

조율해간다. 이러한 과정을 통해서 지혜의 문이 열린다. 감정은 감성으로 대체되면서 창의적인 활동으로 이어진다.

지혜에서 나오는 감정에는 에고가 없다. 사랑, 배려, 감사, 연민, 용서 등의 지고한 감정들뿐이다. 이러한 감정에서 나오는 에너지는 삶의 여정에서 어려움을 받아들이고 극복할 수 있게 해준다.

또한 우리의 마음이 갈망해온 진정한 가치를 알아차리게 해준다. 자신이 고통을 감수하고 열심히 살아온 이유를 알게 된다. 이러한 가치들이 충족되지 못해서 마음이 힘들었음을 인정하고, 자기 자신을 위로하게 된다. 그 가치를 끝끝내 성취하고 말겠다는 의욕 또한 샘솟는다. 이러한 자기 인정과 연민이 있어야 타인에 대한 진정한 연민과 위로가 가능하다.

슈퍼시크릿의 파워

'시크릿'은 긍정적인 생각을 하면 끌림의 법칙에 의해 이루어진다고 이야기한다. 따라서 시크릿의 중심은 내가 원하는 것을 끌어당기는 데 있다. 그러나 뇌과학이나 양자물리학의 관점에서는 원하는 것을 먼저 세상에 방사하면 그 닮은꼴이 물리적현실로 나타나는 것을 과학적 실험 결과물로 설명한다. 즉 자신이 되고 싶은 존재의 모습을 세상에 먼저 보여주는 것이다. 나는 이것을 '슈퍼시크릿'이라 부른다.

내가 운전대를 잡고 원하는 방향으로 가는 것이 시크릿이라면, 슈퍼시크릿은 내가 운전해 가는 방향이 보다 큰 차원의 섭리 안에 조율되어 있는가를 의식하지 않을 수 없게 된다. 왜냐하면 이러한 의식에는 내가 되고 싶은 존재의 모습안에는 나 보다 큰 차원을 위해 무엇인가를 하고 싶은 마음이 있기에 내가 붙잡고 있었던 것들을 기꺼이 놓아주기도 한다.

시크릿은 우주에 존재하는 커다란 시스템, 즉 에너지의 끌림의 법칙을 주장한다. 이것은 절대 긍정의 마인드로서, 부정적인 것은 보지도 듣지도 말하지도 말고 무조건적으로 긍정하라고 주문한다. 하지만 그렇게 한다고 해서 내가 원하는 대로 이루어졌던가? 반대의 결과가 더 많지 않던가! 왜냐하면 사람은 기계가 아니라서 어떤 결과를 바로 만들어낼 수 없기 때문이다. 의식에도 성장의 과정이 필요하다. 과정을 생략한 결과는 비과학적이다. 늘 미로안에서 다시 길을 찾아야한다.

앞서 설명한 뇌과학에서도 설명된 현상이다. 부정적인 것을 듣지도 보지도 않으려고 하는 순간, 우리의 뇌에서 이미 부정적인 시그널을 보내기 때문에 원하는 것을 얻으려는 투쟁은 피상적이고 일시적이며, 혹시 이루어졌다고 해도 다시 원점에서 길을 잃은 자신을 만나곤 한다.

그래서 시크릿의 단계에서 슈퍼시크릿의 단계로 넘어가는 방법론이 필요한 것이다. 그 방법론 중에 하나가 바로 감정리폼이다. 내가 부정적인 심리 안에 있더라도, 나를 둘러싼 환경이 열악하더라도, 사는 것이 버거워 포기하고 싶더라도, 그러한 부정적인 감정들을 하나하나 벗겨내고 뚫고 들어가서 그 감정이 내포한 선물을 발견하도록 도와주기 때문이다. 감정이 전하는 정보를 이해하고, 그 감정 안에 숨겨진 코드를 발견하게 되면 슈퍼시크릿의 파워를 체험하게 될 것이다.

납을 금으로 변화시키는 연금술은 물리적으로 불가능했다. 그러나 감정이 내 몸속에서 만들어내는 화학성분은 실시간으로 바꿀 수 있다. 감정의 연금술사가 되면 이 파워를 경험할 수 있다. 부정적인 감정을 저

멀리 치워버리는 대신, 감정의 납덩어리를 연금술로 제련해서 감정의 금덩어리로 바꾸는 것이다. 감정리폼은 이러한 프로세스를 지나도록 징검다리를 하나하나 놓아줄 것이다.

감정리폼을 연습하면 우리의 의식도 성장한다. 주위 환경 때문에, 인간관계 때문에 피해자로 살아왔다고 생각했던 사람들도 감정리폼을 하면 생각하는 방식이 달라지고, 다른 관점을 볼 수 있게 된다. 인생을 새롭게 경영해 갈 수 있다. 여러분도 이 책을 통해서 5분간의 감정리폼에 익숙해진다면, 스스로의 의식이 어떻게 확장되는지를 직접 경험할 수 있다.

아픔으로 타버린 재 속에서 되살아나서 세상으로 날아가는 불사조를 상상해보라. 고통스런 감정 속에서 마음이 재가 되어버렸을지라도, 그 감정을 꾸준히 리폼밍하는 훈련을 하다 보면, 어느 순간 불사조가 되어 세상을 향해 날아갈 수 있는 자신의 모습을 조우하게 된다.

휴먼 시스템의 재구성: EGO system 에서 ECO system으로

나는 내가 소망하는 운명이 매 순간 다가오는 것을 확신한다. 나의 자유의지는 위대한 선택을 했기 때문이다. 그 선택은 무의식의 자동화 시스템을 새롭게 세팅하는 것이었다. 내가 선택하지 않은 것들이 내 생각과 내면으로 난입해서 난장판으로 만들 때, 그 무례한 생각들에 단호하게, 때로는 부드러운 인내심을 가지고 대응할 수 있게 되었다.

이러한 새로운 세팅은 무의식이라는 자동화 시스템으로 스며든다. 새로운 세팅에 대한 훈련이 충분히 진행되면 스스로 알아서 작동하기 시작한다. 시스템을 운영할 때마다 세팅한 사람의 생각을 살피거나 의사결정을 기다렸다가 작동할 필요가 없다. 왜냐하면 자동화 시스템은 무의식의 시스템에 권한을 위임했기 때문이다.

이러한 자동화 시스템을 활용해서 새로운 습관을 만들어 내야 할 절박한 시점이 누구에게나 찾아온다. 이 절박함은 감정으로 알게 되는 것이고, 누구에게나 내장된 감정의 과학을 이해하여 해결할 수 있다. 이것이 운명을 새롭게 선택하고 구조화하는 진정한 변화의 과정이다.

삶을 변화시키고 운명을 바꾸는 변화의 힘은 보이지 않는 미세한 진동과 에너지를 관찰해야만 얻을 수 있다. 운명을 바꾼다는 말은 거창하게 들리지만 결국 습관을 바꾼다는 말과 같다. 습관은 의지로 선택해서 생긴 것이 아니기에 새로운 습관을 만들려는 일은 운명을 바꾸는 일과 같다.

이를 위해서는 의식적 선택을 통해서 방향성을 잡아줘야 한다. 그 방향에서 벗어날 때는 감정이 이탈을 경고하는 메신저 역할을 한다. 비행기가 끊임없이 방향을 조정해 가며 비행하는 것과 같다.

비행기가 매 순간 항로를 조정하기 위해서는 바람의 방향, 세기, 대기 중의 기압 등을 끊임없이 살펴야 한다. 감정도 이와 마찬가지다. 감정은 목적지를 행해 가는 중에 살펴야 할 것을 끊임없이 알려주기 때문이다. 원하는 목적지에 도달할 수 있게 안내해주는 고마운 협력자인 셈이다.

감정의 안내를 받아서 내면의 존재에 다가가면, 에고(EGO)의 마인드가 에코(ECO)의 마인드로 전환됨을 느낄 수 있다. 그 순간, 마음 깊은 곳으로부터 갈망이 올라온다. 그와 동시에 자신의 내면에 선한 의도가 있음을 깨닫게 된다. 나의 모든 갈망들은 보다 더 큰 가치를 창출하기 위해 애쓰는 아름다운 마음이었던 것이다. 나를 사랑하지 않을 수 없는 순간이다.

감정기폼 실행하기

삶의 고통을 직면하여도 늘 자신의 중심에 머물게 하는 마음의 기술을 연마 해야 한다. 그러면 과거 같았으면 당신을 고통으로 몰아갔을 종류의 사건도 당신을 평화로운 중심에 남겨둔 채 손님처럼 왔다가 그냥 지나가게 할 수 있다.

─ 마이클 A. 싱어, 「상처받지 않는 영혼」 저자

제3장

감정
리폼이란
무엇인가

　나는 현대과학이 우리에게 전해주는 기적과도 같은 발견들을 내 삶에 적용하지 않고 있었다는 사실을 깨달았다. 단지 과학이란 분야에만 남겨두고 있었던 것이다.

　과학기술의 발달로 머릿속에 있는 엄청난 비효율의 메커니즘을 이해할 수 있게 되었다. 특히 뇌가 작동하는 상태인 마인드(mind)가 우리의 머릿속에서 무슨 일을 하는지를 알아가고 있다. 마음과 영혼의 블랙박스를 해독할 수 있게 된 것이다.

매일매일 반복되는 오만가지 생각들과 그에 따른 오만가지 감정들을 정리하고, 내면에 잠재된 파워풀한 마인드로 삶을 영위해 갈 수 있는 방법. 그것이 바로 감정리폼이다. 우리 모두가 지니고 있는 감정의 과학을 이용한 기술과 테크닉이다. 기존의 방법론들이 야구망망이처럼 크고 뭉툭했다면, 감정리폼은 송곳이나 이쑤시개처럼 날렵하고 편리하다.

감정리폼은 감정명상과 코칭, 그리고 멘토링과 상담 과정이 뇌과학 기반으로 통합된 프로그램이다. 감정리폼을 통해서 자신의 잠재력을 발휘하기 위한 구체적인 스킬과 테크닉을 연습하여, 자신의 소망과 가치를 성취하는 방법을 자신의 내적 환경으로부터 끌어 올릴 수 있다.

감정
리폼의
의의

　모든 감정은 감정의 주인인 나에게 꼭 필요한 메시지를 전달해주는 고마운 전령(Messenger)이다. 이것을 알아차리고 감정 안에 숨어 있는 지혜의 선물을 받는 것, 이것이 바로 감정리폼의 의의다.

　우리에게는 감정에 담긴 에너지를 사용해서 자신과 주변 사람들을 도울 수 있는 잠재력을 발휘할 수 있다. 그러므로 감정의 어떠한 에너지 형태라도 마음 깊은 곳에 가두지 않는 훈련을 할 필요가 있다. 화가 나도, 좌절에 빠져도, 우울해도, 짜증이 나도, 감정을 꼭 끌어안고 차분하게 내면의 존재로 걸어 들어가는 연습을 지속한다면 납덩이를 금덩어리로 변환시킬 어마무시한 에너지를 활용할 신성한 권한을 위임받을 지도 모른다.

자신에게 찾아온 모든 감정을 이해할 수 있을 때, 자신을 알고 사랑하는 사람이 된다. 1등이 되어서 나 자신을 사랑할 수 있는 것이 아니다. 꼴찌라도 나 자신을 사랑할 수 있게 된다. 내면의 환경을 바꾸면 어떤 문제든지 극복하고 지금 보다 나은 삶을 살아갈 수 있다. 인간관계든, 사업이든, 건강이든, 어떤 문제든지 상관없다.

내면의 환경을 바꾸기 위해서는 세상을 인식하고 경험하는 방식을 근본적으로 혁신해야 한다. 오래된 사고방식을 멈춰 세우고 새로운 사고방식으로 전환시킬 수 있는 강력한 에너지와 주파수가 필요하다. 오직 감정만이 그러한 파워를 가지고 있다.

감정리폼을
해야 하는
이유

감정이라는 이름의 선물상자 안에는 보물이 들어 있다. 이 보물을 내 것으로 만들기 위해서는 뇌의 작동 시스템을 바꾸어야 한다. 뇌의 작동 기제가 바뀌지 않으면 감정을 들여다볼 수 없기 때문이다. 이를 위해서는 외부에서 오는 자극을 위협으로 받아들이는 '원시의 뇌'를 멈춘 다음, 자극과 반응 사이의 스페이스를 찾아야 한다. 이것이 감정리폼의 첫걸음이다.

감정리폼의 테크닉으로 감성지능을 플렉스하는 훈련을 계속하면 두

뇌의 물리적인 구조와 기능이 바뀐다. 반대로 감정을 들여다볼 스페이스를 찾지 못하고 오만가지 생각과 감정이 나 자신과 하나로 딱 붙어버리면, 우리의 정체성의 일부로 고착되어 버린다. 그렇게 되면 감정 안에 숨겨진 보물을 절대로 찾을 수 없다.

위대한 기적을 일으키기 위해 필요한 모든 것은 이미 우리 안에 있다. 기적을 만나고 싶은 순간이 필요하다면 5분의 감정리폼 프로세스를 건너라. 매일 5분간의 감정리폼 테크닉을 연습하면 감정이 전해주고자 하는 귀한 보물을 당신의 손에 넣을 것이다.

감정
리폼의
효과는

감정리폼의 효과는 오만가지 생각과 감정에 대한 알아차림이다. 자신의 모든 생각과 감정에 대한 마음챙김과, 지금 여기에 집중할 수 있는 현존의 힘을 키울 수 있다.

밑도 끝도 없는 무의식의 생각을 멈추고 자신이 진정으로 원하는 것을 알아차릴 수 있다. 내면의 존재가 발산하는 최선의 생각들이 올라오고 창의적인 아이디어가 샘솟는다. 때때로 진정한 갈망과 직면할 때 떠오르는 생각이나 감정을 숨기고 위장하려는 행동들도 알아차릴 수 있다. 자신의 습관과 사고방식이 나와 내 인생을 엉뚱한 곳으로 데려가고 있다는 것도 깨달을 수 있다. 그 결과, 내가 진정으로 원하는 삶으로 되돌아올 수 있다.

그뿐만이 아니다. 내면 깊숙한 곳에 있는 지혜를 끌어올릴 수도 있다. 에고의 생각과 감정과 신념을 잠시 멈춤으로써, 자기 수용, 자기 존중, 자기용서, 자가치유, 회복탄력성 등을 향상시킬 수 있다. 자존감과 자신감도 높일 수 있다. 그리고 사랑과 온정의 마음으로 자신과의 관계, 주변과의 관계를 맺고, 창의적인 솔루션을 활용하여 목표를 성취할 수 있게 된다.

감정리폼의
프로세스
알아보기

감정리폼은 감정안에 있는 문제를 알고 솔루션을 찾아내는 과정이다. 이때 무의식적으로 자동화된 습관이 외부 환경과 상황으로부터 생겨난 자극에 대해 어떻게 반응하는지를 관찰하도록 안내 한다.

감정리폼의 6단계 프로세스는 그동안 제대로 인식하지 못하고 있던 당신의 진짜 모습을 발견하게 해줄 것이다. 오래된 문제에 대한 해결책을 찾을 수도 있다. 골치 아픈 문제들 때문에 생겨난 쓰라린 감정이 당신에게 리폼된 감정을 건네주고 떠날 때, 당신의 진정한 모습과 참된 갈망이 의식의 지평선 위로 모습을 드러낼 것이다.

그 과정은 지금 이 순간, 내가 느끼는 감정을 확인하는 것으로부터 출발한다. 감정을 알아차림으로 자신의 패턴에 대해 깨닫고, 그 패턴을 변형시키고, 더 나아가 그 패턴을 넘어서서 자유로워질 수 있다. 이러한 프로세스를 가능하게 해주는 확실한 툴이 바로 감정리폼이다.

또한 감정리폼 과정에서 자신에 대한 분석과 조명을 통해서 내면 깊은 곳에 있는 존재에게 다가갈 수 있게 된다. 무의식 깊은 곳에 있는 자신의 존재는 자신이 진정으로 원하는 것이 무엇인지 알고 있다. 그리고 그것을 왜 갈망하는지도 명확히 알고 있다. 당신이 이러한 갈망을 무시하고 자신의 소중한 가치를 실현하지 않으면, 우리의 내면 존재는 감정이란 시그널을 보내게 된다.

이와 같이 감정은 매우 소중한 자산이다. 하지만 우리는 감정을 이해하는 방법을 배운 적이 없었다. 그래서 감정을 알아채지 못했고, 감정이 스멀스멀 올라올 때 그 감정의 시그널도 알아차리지 못했다. 그러나 간단하지만 확실한 과학적인 방법을 배워서 연습하면 자신의 존재가 지닌 리소스와 파워에 다가가는 것이 가능하다. 이것은 매우 중요한 일이다. 이 무한한 잠재력을 발현시킬 협력자로서 혹은 방해꾼으로서 "감정"이 하는 역할을 프로세스안에서 잘 보여주고 있다.

감정리폼의 프로세스를 온전히 밟고 나면, 모든 상황에서 자신보다 더 큰 가치를 창출할 수 있는 최선의 사고방식과 감정을 느끼게 된다. 문제에 부딪혔을 때 그 문제를 해결할 수 있는 높은 수준의 감정으로 리폼(reform)되는 경험을 하게 된다. 감정이 내포한 메시지를 내면의 존재가 지혜의 마음을 열기주기 때문이다. 따라서 지혜의 마음이 떠오를 수 있도록 나를 멈추어 세우는 과정이 필수적이다.

감정리폼의 프로세스를 온전히 이해하지 못해도 괜찮다. 꾸준히 연습하면 된다. 감정리폼의 프로세스는 5분에서 10분 동안 자신의 감정에 집중하는 것이다. 그런데 격한 감정에 사로잡혀 있을 때는 감정리폼의 프로세스를 실행하기 힘들다.

그러므로 감정이 가라앉은 뒤에 그 감정을 되짚어보면서 감정리폼을 진행해보자. 처음 1단계만으로도 감정과 자신을 분리시킬 수 있다. 각 단계의 짧은 과정을 지날 때마다, 내면에서 놀라운 변혁이 일어나는 것을 느끼게 될 것이다.

기적은 우리 안에 있다

나는 무엇보다도 30년이나 정체되었던 관계, 특히 남편과의 관계에서 기적을 경험하는 중이다. 이러한 기적을 삶의 다른 영역까지 확대하기 위해서 매일 감정과의 데이트를 하고 있다.

매일 5분간의 감정리폼을 통해 나 자신의 감정을 살피고, 내면의 존재가 지닌 보물이 무엇인지 발견하고, 문제를 해결할 모든 자원이 내 안에 있다는 것을 발견하고 실행하는 연습중이다. R-E-F-O-R-M이라는 6개의 징검다리를 지나서 감정 안에 숨겨진 보물이 새로운 생명으로 거듭날 수 있도록 노력한다.

위대한 기적을 연습하는 데 필요한 것은 이미 우리 안에 탑재되어 있다는 사실을 전하고 싶었다.

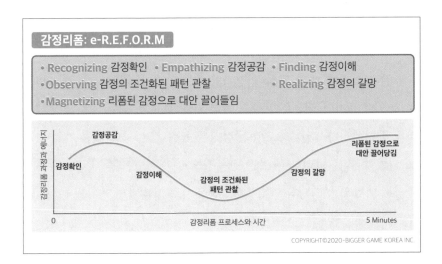

[감정리폼의 과정]

R) Recognizing emotion 지금의 감정을 확인하기

E) Empathizing emotion 감정의 느낌을 공감하기

F) Finding the reason of emotion 감정의 이유를 이해하기

O) Observing the pattern 감정에 반응하는 습관의 작동방식 관찰하기

R) Realizing hunger of emotion 감정의 갈망 알아차리기

M) Magnetizing reformed emotion & new option 리폼된 감정으로 새로

운 대안 끌어당기기

R) 지금의 감정을 확인하기

감정은 과거에 대한 기억이 정보와 함께 저장된 에너지다. 잠재의식에 저장된 과거의 감정은 일상의 여러 가지 사건과 관계, 생각을 통해서 더욱 강렬해진다. 이렇게 고양된 감정은 몸속 깊은 곳에 있는 기억 창고로 되돌아간다. 이러한 과정을 반복적으로 거치면서 축적되고 강화된 감정은 나만의 무드, 즉 성격, 성향, 분위기로 자리잡게 된다. (예일대 감성 지능센터 정의)

나는 2015년부터 경영대학원 MBA과정에서 자기개발 분야를 담당해왔다. 하지만 진정한 변화라고 인정할만한 혁신적변화나 꾸준한 성장을 경험하지 못했다. 자기개발을 위한 방법론에 해박하더라도, 자신의 내면 깊이 들어가서 진정한 변혁을 달성하지 않는 한 겉 모습의 변화에 발을 담그는 정도에서 만족했었다.

이것은 우리의 의지가 약해서가 아니다. 개인의 의지가 무의식의 자동화를 이길 수 없기 때문이다. 이것을 모른 채로 매 순간 다짐하고 애쓰고 노력하다가, 끝내 습관 앞에서 무력해지고 마는 것을 고백하지 않을 수 없다.

그래서 진정한 변화는 무의식과 함께해야 한다. 무의식은 평소에 인식의 지평 아래에 웅크리고 있다. 이러한 무의식을 알아차릴 수 있는 것은 감정뿐이다. 이 감정이 올라올 때 억누르거나 피하거나 그대로 노출해 버리면, 감정이 드러난 진짜 이유를 알 수 없게 된다. 이유를 모르니까 감정을 느끼는 것이 두려워지고, 그 결과 감정에 충동적으로 대응할 수밖에 없다.

가장 중요한 것은 감정이 올라올 때는 정중히 맞이하고 손님처럼 대접해야 한다. 이렇게 하기 위해서는, 더 나아가서 실시간으로 감정을 관찰하기 위해서는 무의식의 반응을 멈춰 세울 확실한 테크닉이 필요하다.

감정리폼은 부정적인 감정을 긍정적인 감정으로 빠르게 전환하기 위해 노력하지 않는다. 과거의 기억은 생각과 감정이라는 정보의 형태로 저장되어 있는데, 부정적인 기억을 소환하지 말자고 다짐한다고 해서 저절로 올라오는 감정과 기억을 제거할 수는 없기 때문이다. 코끼리를 생각하지 않으려고 노력하면 코끼리만 생각나는 것처럼 말이다.

도움이 되지 않는 감정을 놓아버리고 원하는 방향으로 나아가고 싶겠지만, 보살핌을 받지 못한 감정, 이해되지 않은 감정, 인정받지 못한 감정은 우리의 몸과 마음속 어디엔가 숨어있다가 여지없이 다시 찾아온다.

변하지 않으면 문제를 해결할 수 없다

뇌과학에 따르면 자책이나 분노 등의 감정은 변화를 위해 필요한 뇌기능을 작동하지 못하게 회로를 닫아버린다고 한다. 즉, 원시의 뇌기능만 작동한다는 것이다. 그리고 문제를 일으킨 뇌의 신경회로만 반복적으로 열리기 때문에 같은 감정으로는 실수를 만회할 수도, 문제를 해결할 수도 없다고 설명한다. 환경과 상황을 위협으로 인식하면 그 위협에 대응하기 위한 회로망에 갇히게 된다는 것이다. 즉, 문제를 야기한 같은 사고방식과 태도로는 문제해결을 위한 뇌의 신경회로를 켤 수 없다.

이에 대해 아인슈타인은 "우리는 문제를 야기했던 동일한 사고방식으로는 오늘의 도전을 해결할 수 없다(You can never solve today's challenge with the same mindset that created it in the first place). "라고 일갈했다.

사고방식은 세상을 바라보는 인식과 그 인식에서 나오는 생각, 그 생각에 따른 감정이 융합되어 드러나는 태도와 에너지다. 똑같은 에너지로는 그 에너지가 야기한 문제를 해결할 수 없다. 이것은 뇌과학과 물리학에서 공통적으로 주장하는 것이다.

우리 내면의 첨단기술 사용법

감정이 올라올 때는 감정의 에너지를 시그널로 받아들이고 잠시 멈추어야 한다. 감정이 올라올 때는 그 감정을 확인하고 집중해야 한다. 그래야만 머릿속에서 자동적으로 무차별적으로 쏟아내는 오만가지 생각을 멈춰 세울 수 있다. 힘들게 노력할 필요는 없다. 단지 그 감정을 확인하기만 하면 된다. 감정을 인정하고 그 감정을 공감하면 뇌의 자동화가 중지된다.

뇌의 자동화가 중지된다는 의미는 감정으로 인한 생각이 뇌하수체를 자극해 해당 화학물질을 분비해서 온 몸에 퍼지면 감정에 휘말리게 되는데, 이 자동화 시스템을 멈추어 세울 수 있다는 의미이다. 심장이 폭발할 것 같이 격렬함을 느낄지라도 20초만 감정을 오롯이 끌어안으면 그 감정은 공감받았다고 느낀다. 뇌에서 해로운 호르몬과 화학물질이 분비하여 난리 법석을 떨지 않아도 된다. 이것이 20초의 과학이다. 이것이 바로 지금, 여기에 집중하기 위한 첫걸음이다. 아프고 화가 치밀어 오르는 감정으로 심장이 도려진는 느낌이 올라올때라도 참을 인(忍) 3번을 써보라는 테크닉을 소개한바 있다. 마치 참을인은 심장위에 칼을 꽂혀 피 한방울이 찍힌 모습처럼 몹시 아픈 마음을 끌어안고 잠잠히 20초를 함께했을때 환경에 반응하는 거대한 중력의 힘이 급정거를 하게 된다.

이와 같이 감정이 알려주는 문제와 해결책을 발견하는 과정은 모든 사람에게 장착된 첨단기술과도 같다. 단지 사용할 줄 몰라서 마음 깊은 곳으로 묻어 두고 무거운 에너지를 늘 끌고 다녔을 뿐이다. 이 사실을 깨달으면 몹시 억울해질 것이다. 왜냐하면 감정리폼은 몇십 초의 멈춤만으로도 무의식의 자동화 반응을 멈춰 세우고, 켜켜이 쌓여 있던 부정적인 에너지를 산산이 흩어지게 해주기 때문이다.

이제부터라도 내 안에 있는 놀라운 기능을 사용해 보자. 어려울 것 없다. 아래와 같이 간단한 사용법부터 익히면 된다.

- 눈을 감고 깊게 심호흡하면서 감정을 확인한다.
- 몸의 에너지가 달라지며 시그널을 보내는 순간, 나에게 말하려는 것이 무엇일까 하고 호기심을 갖는다.
- 감정을 직면하기 힘들 때는 가슴에 손을 얹고 심장에 집중해서 호흡한다.
- 들숨을 3초 동안 들이쉬고 - 1초 동안 멈춘 후 - 3초 동안 천천히 내쉰다.
- 이것을 3회 정도 반복한다.
- 그리고 감정을 확인한다.

우리는 감정에 대해 배운 적이 없다. 주위 사람들도 감정에 대해 말하지 않는다. 그래서 감정에 대해서 이해하려고 할 때 '좋아' 혹은 '나빠'라는 두 가지 감정이 전부라고 생각하는 경우가 많다.

그러나 감정은 생각보다 훨씬 복잡하고 풍부하다. 자신이 느끼는 감정을 표현하기 어렵다면 다음에 제시된 감정일람표(감정그래프)를 자세히 살펴보자. 일람표에 표시된 감정 중에서 자신이 느끼는 감정과 가장 비슷한 감정이 무엇인지 확인해보자.

감정의 종류

80년대 초반, 현 예일대학 총장 피터 살로비(Peter Salovey)는 데이비드 그루소와 함께 감정지능이라는 개념을 창안했다. 그들은 별개로 취급

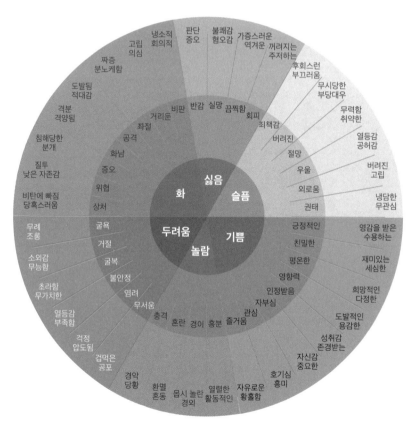

출처: 데이비드 크루소, 예일대학 | 디자인: 김현숙 | 번역: 김민영

되던 감정과 이성을 하나로 통합하기 시작한 선구자들이다.

앞 페이지의 그래프는 예일대 데이비드 그루소 교수가 분류한 114개의 감정 그래프로서, 감정지능리더십 트레이닝에서 사용된 바 있다. 이 중에서 25개는 긍정적인 감정이고, 89개는 불편하고 불만족스러운 감정들이다. 이 그래프는 독자 여러분이 자신의 감정을 확인하고 객관적인 단어로 인식할 수 있도록 도와줄 것이다.

본인의 감정이 부정적인 상태에 있다는 것이 실망스러울 수도 있다. 그러나 그래프에서 볼 수 있듯이 대부분의 감정은 불편하고 부정적이다. 모든 감정은 정보와 에너지를 내포하고 있다. 이것은 부정적인 감정들에 포함된 정보를 이해하면 할수록, 더 많은 솔루션을 찾을 수 있다는 뜻이기도 하다. 이것은 매우 역설적이다. 우리를 그토록 괴롭혀온 문제와 문제로 야기되는 감정이 우리를 더 높은 단계로 도약시켜줄 진정한 도구라는 뜻이기 때문이다.

자신의 감정을 확인하는 연습이 필요하다. 다음의 질문에 답하면서, 지금 느끼는 감정을 관찰자의 입장에서 작성해보자.

[나의 감정 확인하기]

1. 자신을 불편하고 불만족스럽게 만드는 감정은 무엇인가?

2. 이 단계에서는 왜 그런지 이유를 떠올려서는 안 된다. 이유를 나열하다 보면 우물 안에서 세상을 논하는 개구리처럼 되기 때문이다.

3. 내 감정을 가장 잘 설명해주는 단어를 감정그래프 안에서 선택해보자.

그래프 안에서 '혼란'이란 단어를 선택했다면 '나는 혼란스럽게 느끼고 있구나'라고 자신에게 말을 건네보자. 1단계만으로도 감정과 자신을 분리시킬 수 있다. 미세한 변혁이 일어나는 내면의 징검다리 하나를 건너는 셈이다.

ㅌ) 감정의 느낌을 공감하기

감정은 자기 자신이 소중하게 여기는 가치와 깊이 연관되어 있다. 무의식의 패턴에 의식의 빛을 비추면 자신이 중요하게 여기는 가치가 무엇인지가 명료해진다. 이때 끊임없이 떠오르는 생각을 잠시 멈추어야 한다. 그 위대한 멈춤을 가능하게 하는 것이 바로 자신의 감정과 함께해 주는 것이다. 감정과 함께한다는 것은 공감과 연민의 눈으로 감정을 끌어 안는다는 뜻이다.

감정은 누구에게나 소중하다. 너무나 소중해서 감정을 직면하는 것을 무의식적으로 두려워하는 경우가 많다. 예컨대 슬픔이 올라오면 그 슬픔을 느끼고 살피는 대신, 다른 방식으로 슬픔을 해결하려고 하는 것이다. 감정이 자신에게 전부인 것 처럼 느껴지기에 불편함을 빨리 해결하여 벗어나려고 한다. 하지만 영화를 보거나, 잠을 자거나, 슬픈 음악을 듣거나, 일에 몰두하거나, 맛있는 것을 먹음으로써 슬픈 감정을 느끼지 못하도록 마취제를 놓는 것과 흡사하다.

그러나 이런 것들은 미봉책에 불과하다. 잠시 슬픔을 잊을 수는 잊지만 부정적인 에너지와 슬픔의 원인은 해결할 수 없다. 왜냐하면 감정이 진정으로 갈망하는 가치가 해결된 것은 아니기 때문이다.

감정과 생각의 고리를 끊어라

감정이 올라오는 순간에는 수많은 생각들이 함께 떠오른다. 그래서 그 감정 자체를 있는 그대로 파악할 수 없다. 이럴 때는 감정이 느껴지는 순간, 그 감정을 붙들고 빛의 공간으로 들어가야 한다. 이렇게 빛의 공간으로 들어가야 감정이 발생하는 이유와 의미를 이해하고, 스스로의 무의식적인 행동패턴을 관찰할 수 있기 때문이다. 보이지 않는 내면을 더듬어 빛의 공간으로 들어가려면 안내자가 필요하다. 안내자가 바로 감정리폼이다.

이 위대한 작업을 위해서는 자신의 감정에 공감해야 한다. 다른 누구의 공감도 필요하지 않다. 타인의 공감은 내 감정의 핵심에 접근하지 못하기 때문에 피상적이 될 수밖에 없다.

감정에 대한 무의식적인 반응이 나를 조종하지 않게 해야 한다. 잠시 멈추고 감정과 눈을 맞추자. 감정에 휘둘리지 말고 자극과 반응 사이의 공간으로 진입해야 한다. 학자들은 10초에서 20초 동안 감정의 느낌을 몸속에서 알아차리기만 해도, 즉 오롯이 함께 있어 주기만 하면 오만가지 생각과 감정이 결탁하는 것을 막을 수 있다고 한다. 이와 같이 감정에 결부된 생각들을 멈출 수 있어야만, 감정 안에 내포된 진정한 정보를 알아차리고 내 것으로 받아들일 수 있기 때문이다.

감정을 제어하는 연습이 필요하다

감정은 내 안에 장착된 안내시스템과도 같다. 지금 가고 있는 삶의 방향이 내가 진짜 가고자 하는 방향인지를 지속적으로 체크해주기 때문이다. 그 방향과 일치하는 삶을 살아가면 편안하고 좋은 감정을 느낄 것이다. 하지만 반대의 방향일 때는 불편한 감정들이 의식으로 시그널을 보낸다. 의식이 목적지를 이탈하면 감정이 안내방송을 해주는 것과 같다. 이것이 바로 감정의 기능이며 우리가 사용할 수 있는 기술이다.

분노의 감정이 올라올 때 그대로 폭발해서는 안 된다. 억지로 눌러 가둬서도 안 된다. 분노를 맞이하고 응시하여 운명의 안내자로 인정해야 한다. 그래야만 무엇이 잘못되었는지를 정확히 알 수 있다. 그리고 더 나아가서 내 존재의 의식 안에서 감정이 진정으로 원하는 것도 알 수 있다.

자극을 받는 순간 그 감정과 생각을 그대로 발산해선 안 된다. 뒤늦게야 "아~ 이건 내가 진정으로 원하던 것이 아니었는데. 내가 무슨 짓을 벌인 걸까?" 하고 후회하게 되기 때문이다. 뇌의 인지기능은 감정의 반응보다 훨씬 늦게 대응하기 때문에 지성이 무의식의 자동화 시스템을 이길 수 없다.

그래서 옛 성인들은 자극을 받는 순간 참을 인(忍) 자를 세 번 쓰라고 했던 또 다른 이유는 지성이 반응할 시간을 벌 수 있기 때문이다. 이 20초의 순간이 나를 포용하는 '공감 시간'이다.

20초의 시간은 매우 고통스럽게 시작되고 힘겨울 것이다. 그러나 이 순간의 선택으로 토네이도에 휩쓸려 찢겨지느냐 혹은 폭풍의 눈안에서 잠잠히 끌어 안을 것인가를 선택해야 한다.

그래서 우리에게 필요한 것은 과학에 기반을 둔 기술을 연습하는 것이다. 이 기술은 6단계로 이루어져 있는데, 이 중에서 '감정 공감하기' 단계는 우리가 하루에 갖는 오만가지 생각들을 그대로 멈추게 해준다. 무의식으로 작동하는 생각과 감정을 20초 동안 완전히 멈추어 세우는 연습을 해야 한다. 그 연습은 감각을 경영하는 것이기에 과학적이어야한다. 20초동안 머리로 가지 말고 오직 가슴에 감정과 함께 있어야 한다. 스스로 자신의 감정을 온전히 느끼는 순간 오만가지 생각이 완벽하게 멈추어 서게 된다.

뇌가 새로운 연습에 익숙해지도록 하기 위해서는 이미지로 설명하는 메타포적인 방법이 효과적이다. 그래서 R.E.F.O.R.M.이라는 여섯 개의 징검다리를 지나서 존재의 파워에 발을 내딛는 연습을 할 수 있도록 감정리폼을 디자인하였다. 징검다리를 조심스럽게 밟고 지나서 마침내 강인하고 파워풀한 내면의 자신에 도달하도록 말이다.

오만가지 생각이 멈추면 두뇌의 작동 시스템의 기어가 바뀐다. 생각과 결탁한 감정이 붙들고 있던 에너지가 흩어지면서 뇌의 회로가 열린다. 그러면 감정으로 야기된 무의식적 패턴의 반응에서 해방될 수 있고, 객관적이고 지적인 사고도 할 수 있게 된다.

이렇게 뇌의 작동 방식이 바뀌지 않으면 감정을 온전하게 들여다볼 수 없다. 그러나 외부 자극에 반응하는 무의식의 자동화 시스템을 중지시키는 것은 쉬운 일이 아니다. 새로운 학습은 숙달의 과정을 필요로 한다. 근육을 키우기 위해서는 매일의 훈련이 필요하듯이, 정신의 에너지를 키우기 위해서도 꾸준한 연습이 필요하다.

우선 해야 할 일은 외부의 자극과 나 자신의 반응 사이에 있는 공간으로 들어가는 일이다. 감정을 들여다볼 스페이스를 찾지 못하고 감정과 결합해 버리면 감정 안에 숨겨진 보물을 찾을 수 없다. 감정 자체가 나의 정체성이 되기 때문이다. 자극과 감정 사이의 공간에 들어가는 방법은 감정리폼 1단계와 2단계의 징검다리를 건너는 것이다.

이와 같이 감성지능을 플렉스하는 연습을 계속하면 두뇌의 물리적인 구조와 기능이 바뀐다. 이를 위해서는 우선 감정을 오롯이 몸으로 느껴야 한다. 격렬한 토네이도와 같은 감정이든, 심장의 박동을 온몸으로 느낄 수 있을 정도의 두려운 감정이든, 몸을 돌돌 말아 웅크려야 할 정도로 수치스러운 감정이든, 그 감정을 있는 그대로 온몸으로 맞이해야 한다. 그래야만 감정의 에너지를 풀어낼 수 있기 때문이다. 다른 사람으로부터 백 번 천 번 공감을 받아도 바뀌는 건 없다. 일시적인 이완을 느낄 뿐이다.

거부당한 감정은 신체의 어딘가에 처박혀 있게 된다. 지금 당장 보이지 않을 뿐이다. 습관화된 해석과 자동화된 생각의 패턴을 멈추고 감정에 대한 판단도 멈추어야 한다. 그래야만 감정의 선물을 열어서 내 것으로 만들 수 있다. 감정이라는 이름의 선물상자 안에 들어 있는 의미와 목적, 그리고 메시지를 말이다.

감정을 끌어안고 공감하는 과정

그렇다면 감정을 느낀다는 것은 무엇일까? 감정을 어떻게 느껴야 할까?

우선 눈을 감고 가슴으로부터 느껴지는 감정을 느껴본다. 심장은 우리 몸에서 가장 강력한 전자기장이 응집되어 있는 기관이기 때문에 감정을 가장 먼저 감지한다. 따라서 심장에 집중하면 감정의 에너지를 느낄 수 있다. 불만으로 가득한 감정을 마주하는 것은 힘들고 불편한 일이다. 하지만 이때 느껴지는 감정을 오롯이 알아차려야 한다.

처음에는 쉽지 않을 것이다. 가슴의 에너지를 느끼기 어려우면 심장에 손을 얹고 박동을 느껴보자. 심장박동이 빨라지는가? 조여 오는가?

답답함을 느끼는가? 그런 다음 신체의 다른 부위의 반응을 느껴보자. 가슴, 배, 어깨, 손끝, 팔, 다리, 머리 등 어디라도 상관없다. 신체의 반응을 주의 깊게 살펴보자. 이것은 자신의 감정을 뿌리치거나 밀어내지 않고, 받아들이고 공감하는 과정이다.

이때 불편한 느낌이 올라올 수도 있다. 그래도 감정이 어디에 있는지 끝까지 주목해야 한다. 마치 보살펴줘야 하는 어린아이를 대하듯이 다정하게 그 아픔을 받아들여야 한다. 이것이 감정을 느낀다는 것이다. 그 고통이 몸 속에서 어떤 느낌으로 표현되는지를 20초 동안 느껴보라. 그리고 나면 심장위에 꽂힌 칼에 피가 흐르는 고통이 지나가고 조용히 흐르는 눈물을 느낄 수 있을 것이다. 그것은 격동의 눈물이 아니라 알아차림의 눈물이다.

이 짧은 과정만으로도 감정은 공감을 받았다고 느낀다. 슬픔이든 괴로움이든 외로움이든 두려움이든, 감정은 자신이 온전히 느껴지고 받아들여졌다는 사실을 알아차린다.

목이 메어 아무 것도 삼킬 수 없는가? 가슴이 답답하고 숨이 막히는 느낌인가? 눈시울이 뜨거워지는 것을 느끼는가? 나 자신의 다양한 감정들을 묵묵히 받아들일 때, 그리고 그 느낌과 함께 울고 함께 외로워하고 함께 슬퍼할 때, 자신의 감정을 조건 없이 받아들일 수 있다.

예시) 담대한 포부를 품고 두 명의 동료와 함께 사업을 시작했다. 그러나 시작하자마자 코로나 바이러스로 인해 전세계가 멈추어 섰다. 긍정적인 성향이다 보니 문제가 곧 해결될 거라고 믿었다. 그러나 전 인류가 마치 커다란 벽에 부딪힌 것처럼 좌절하고 있다. 한 해 동안 여러 방면으로 노력했지만 결실은 없다. 지금 나는 무력하고 우울하다.

핵심 포인트) 감정을 알아차린 이후 20초 동안 자신의 감정을 포용하라. 그 감정에 공감하라. 공감한다는 것은 그 순간 100% 함께 한다는 뜻이다. 그 러면 무의식적인 반응을 하지 않아도 되는 스페이스에 머물 수 있다.

만약 자신의 감정에 공감하는 것이 힘들면, 감정 확인 단계에서 했던 호흡을 3번 반복하도록 한다. 심장 중심의 호흡을 천천히 반복하면 몸 의 반응을 통해서 자신의 감정을 느낄 수 있다.

답) 그 우울한 감정을 느끼는 순간 가슴이 무거워진다. 마치 돌덩이가 내 려앉은 듯이 답답하다. 그 감정을 버리지 않으면 어깨에 벌침을 쏘인 듯 한 찌릿함과 근육의 긴장을 느낀다.

독자의 성찰 공간
자신의 감정이 어떤 에너지로, 신체의 어디에서 어떻게 반응하고 있 는지 알아차리는 연습이 필요하다. 지금 느껴지는 감정을 대상으로 관 찰일지를 써 보자.

[나의 감정 공감하기]
다음의 질문을 성찰하면서 감정을 보살핀다는 생각으로 신체의 반응 에 주목한다. 그 느낌을 20초간 관찰하고 나서 신체의 반응을 느끼거나 상세히 적어보라.

1. 심장을 중심으로 가슴에서 무엇이 느껴지는가?

2. 몸의 반응은 어떻게 나타나는가?

3. 어디에서 느껴지는가?

4. 무슨 색깔인가? 크기가 얼만한가?

5. 심호흡을 세 번 하면 20초가 지나간다. 20초 후에 감정을 다시 느껴보라. 감정의 에너지가 어떻게 변하였는가?

6. 참을 인(忍)자를 마음속으로 세 번 쓴다. 그 이후 감정을 다시 느껴보라.

우리는 20초 동안 자신과 감정을 동일시하지 않은 채, 단지 감정과 함께 있어주기만 한다. 그러면 위대한 멈춤을 할 수 있다. 자신의 운명을 새로 쓰기 위한 위대한 발걸음을 시작한 것이다.

F) 감정의 이유를 이해하기

예일대학교 감정지능센터는 감정을 가리켜 '내면에 축적된 정보와 그 정보가 지닌 에너지'라고 정의한다. 이 정보를 지혜의 메시지로 받아내는 것이 기적을 체험하는 방식일 것이다. 이것을 체험하기 위해서는 감정리폼의 1, 2단계를 거쳐 내면의 공간, 즉 스페이스(Space)로 들어가야 한다. 그 스페이스 안에서 지적인 사고를 할 수 있다. 감정의 이유를 이해할 수 있다. 더 나아가 자신과 타인에 대한 연민도 느낄 수도 있다.

당신이 감정 확인하기와 감정 공감하기 단계의 징검다리를 건넜다면, 자신을 객관화할 수 있는 스페이스로 들어왔다고 할 수 있다. 이 공간은 내면의 존재가 의식의 빛을 발하는 곳이다.

의식의 빛은 감정을 그대로 수용할 수 있다. 의식의 빛이 커지면 무의식의 자동화가 멈춘다. 그와 동시에 감정이 보살핌을 받는다. 왜 아팠는지, 왜 화가 치밀었는지를 이해받고 인정받는다. 그러면 지금의 상태가 명료해진다. 상황의 본질이 이성적으로 이해된다. 진정으로 원했던 것과 다시금 조우하여 대책을 조율할 수도 있다. 이렇게 짧은 시간에 말이다. 이때 떠오르는 생각들은 감정에 휘둘릴 때 자동적으로 떠오르는 생각과 비슷할 수도 있고 전혀 다를 수도 있다. 중요한 것은 그 에너지가 완전히 다르다는 점이다.

이 공간 안에서는 어떤 감정도 비판받을 필요가 없다. 우리에게 찾아온 모든 감정은 옳은 것이다. 버릴 것이 없다. 나 자신의 보살핌을 받을 수 있기 때문이다. 무의식에서 올라온 감정은 우리 자신에게 해를 끼치려고 찾아온 것이 아니다. 우리의 의식이 무의식이 제시하는 가치를 무시하고 덮어 버리려 할 때, 의식에게 메시지를 전달하려고 하는 것이 감정의 진짜 목적이 아닐까?

감정이 문제가 되는 경우는 예기치 못한 감정에 고착되어 빠져나오지 못하는 경우다. 이런 상태가 오래 지속되면 병에 걸려 쇠약해지고, 궁핍해지고, 관계가 꼬이고, 직업이나 커리어에도 장애가 발생한다. 해소되지 못하고 썩어가는 감정은 유독성의 신경전달물질을 분비한다. 말 그대로 몸 안에 독을 담아두는 셈이다.

감정을 이해하여 성장의 에너지로 활용하라

감정을 느낀다는 것은 삶의 방향을 잃었을 때 다시 목적지를 알려주는 고마운 시그널이 작동하고 있다는 뜻이다. 예를 들어 그 시그널이 분노라면 분노의 감정을 버리고 열정으로 갈아타려고 애쓰지 말고, 분노의 감정을 관찰하고, 존중하고, 인정해야 한다. 이를 통해서 분노가 나에게 온 이유를 알아차려야 한다. 그래야만 분노가 전하는 메시지를 읽어낼 수 있기 때문이다.

감정 안에 있는 욕망이나 가치를 알아주지 않고 무조건 포커페이스를 유지하는 것이 과연 바람직한 일일까? 마지막 숨을 거두기 직전, 모든 것을 내려 놓는 순간에 뒤늦은 후회를 하게 된다면, 그거야말로 너무 슬픈 일이 아니겠는가?

감정이 어떤 모습으로 찾아오든 그 감정을 포용하고 함께해줘야 한다. 이는 감정리폼 1, 2단계의 징검다리를 건너면서 들어간 스페이스에서 가능하다. 그래야만 감정에 변혁이 일어난다. 연금술의 기적을 만들 준비를 갖추는 것이다. 감정은 새로운 자원으로 쓰여질 에너지로 변혁을 일으키고, 다른 감정으로 리폼되어 새롭게 태어날 준비를 한다. 분노의 에너지는 분노가 진정으로 원했던 것을 이루기 위한 에너지로 전환된다. 이것이 바로 감정리폼이다.

내면의 의식의 빛은 이것을 느낄 수 있다. 의식의 빛으로 다가가기 위해서는 약간의 노력과 훈련만 있으면 된다. 그러면 의식의 빛이 알아서 안아줄 것이다. 그 결과, 의식의 빛을 따라서 우리의 의식도 한 단계 상승, 변혁, 확장된다. 마침내 위즈덤 경영이 가능한 지점에 도달하게 된다.

이렇게 되면 감정을 자극한 이유가 꼬리를 물고 이어져 자신을 혼미하게 하지 않는다. 거리를 두고 이해하게 된다. 무의식 깊은 곳에 있는 내면의 존재가 그 이유를 알아준다. 감정은 공감받을 때 진정으로 원하는 것을 드러낼 준비를 한다.

해부하는 것처럼 감정을 세세하게 들여다보자. 왜 이런 감정이 드는 것일까? 왜 이 감정이 나에게 온 것일까? 이 감정에서 벗어나지 못하는 이유는 무엇일까?

감정을 있는 그대로 표현하는 것과 객관적으로 관찰하는 것은 완전히 다르다. 감정을 관찰하기 위해서는 자극과 반응 사이의 스페이스로 들어가야 한다. 그리고 지금 이 순간에 온전히 집중해야 한다. 감정을 긍정적으로, 혹은 부정적으로 해석하려고 애쓸 필요는 없다. 감정을 있는 그대로 맞이하면서 객관적으로 바라보는 것이 중요하다. 이러한 것을 가능하게 돕는 새로운 스킬 셋이 감정리폼의 6개의 징검다리를 건너는 과정이다. 그 과정은 모든 것이 통합되어 나타나는 기적이다.

감정의 R.E.F.O.R.M. 연습으로 자신의 감정을 관찰하고 분석하여 자신의 가치를 살아가는 사람은 감성지능 지수가 매우 높다. 이런 사람들은 감정을 지성으로 정제할 줄 안다. 그러면 감정의 드라마는 감정의 미덕으로 전환된다.

감정리폼은 전대미문의 불확실한 시대, 빠르게 변하는 시대를 살아가는 우리에게 꼭 필요한 테크닉이다. 고통에서 빠르게 벗어날 수 있도록 해주기 때문이다. 또한 원하는 것을 보다 건설적으로, 보다 즐겁게, 보다 가볍게, 보다 명료하게 살아 갈 수 있도록 도와 줄 수 있기 때문이다.

화가 나도, 절망에 빠져도, 우울해도, 짜증이 나더라도 감정과 에너지를 눌러 버리고 외면해서는 안 된다. 일이 손에 잡히지 않을 정도로 신이 나거나 흥분될 때도 마찬가지다. 감정과 함께 걸어가는 연습을 통해 지금 이 순간에 강인한 나의 존재와 혼연일체가 되어 내적환경을 바꾸어야 한다. 그렇게 하면 외부환경과 인간관계, 사업, 건강 등의 모든 것이 자연스럽게 회복되고 성장해갈 것이다. 나는 이것을 스스로에게 살아갈 힘을 주는 테크닉이라고 부른다.

예시) 코로나로 인해서 사업이 힘들어졌다. 그러자 함께 창업한 동료가 안정적인 직장으로 되돌아갔다. 게다가 억대의 연봉을 받기 시작했다. 진심 어린 축하를 해줬지만 혼자 남겨지는 듯한 느낌이 들면서 우울해졌다. 나는 대체 왜 우울한 것일까? 나 자신이 무능하게 느껴져서일까?

무기력이 깊어지고 길어졌다. 때로는 배신감이 느껴져서 화가 났다. 좌절감에 허우적거리기도 했다. 비교의 대상이 된 자신이 초라해졌다. 동료가 은근히 자신의 능력을 과시한다는 생각이 들자 괘씸하기까지 했다.

이러한 에고의 속삭임을 언제까지 들어줘야 하는 걸까? 오만가지의 생각과 지질한 감정에 얼마나 더 공감해줘야 하는 걸까? 나는 진정 무엇을 원하는 것일까?

핵심 포인트) '감정의 이유를 이해하기' 단계에서는 감정이 생겨난 이유를 경청해야 한다. 감정과 관련되어 떠오르는 오만가지 생각들을 적어본다. 일기를 쓰듯이 하면 된다. 그러면 나 자신이 그 이야기와 분리된다. 감정과 생각과 상황에 집착하지 않고 객관적으로 경청하는 자기 자신이 보인다. 문제의 현상이 아닌 이면의 문제의 원인이 되었던 맥락을 이해할 수 있게 된다.

답) 이러한 감정이 스멀스멀 올라온 이유는 불편한 상황에 처했기 때문이다. 함께 시작한 사업이 여의치 않자 관계에 대한 원망과 속상함을 느꼈다. 하지만 이것은 표면적인 이유일 뿐이었다. 믿었던 사람이 나를 떠났다는 생각과 버려졌다는 감정이야말로 진짜 이유였다. 내가 부족하고 못나서 나를 떠났다는 생각이 나를 우울하게 만들었던 것이다.

독자의 성찰공간

자신의 감정을 관찰하도록 마련된 스페이스다. 자신의 감정을 확인하는 연습이 필요하다. 다음의 질문들을 성찰하면서 감정의 이유에 대한 생각을 일기를 쓰듯이 작성해보자. 마음속으로 써 내려가도 좋다.

[나의 감정 이해하기]

1. 왜 이 감정이 올라왔는가?
2. 감정의 이유를 이해할 때 반복적으로 떠오르는 생각은 무엇인가?
3. 그 생각은 자신을 부끄럽게 만드는 생각인가? 또는 타인을 비난하는 생각인가?
4. 불편한 감정이 발생한 이유를 여과 없이 적어보자.
5. 자신의 솔직한 표현에 자신을 안아주고 싶지 않은가?
6. 엄마에게 속마음을 털어놓고 그 품에 안기듯이, 나 자신의 품으로 나의 감정을 안아주자

당신은 감정의 이유를 진정으로 이해하게 되었다. 당신은 자신에게 연민과 공감을 보낼 줄 아는 인자한 사람이다.

○) 감정에 반응하는 습관의 작동방식 관찰하기

사람이 스스로의 행동과 습관을 고치는 것은 아주 힘들다. 대부분의 변화가 작심삼일을 넘지 못하는 것만 봐도 알 수 있다.

변화와 도전이란 숙제 앞에서 고통스러울지라도 최선의 생각이 나의 삶에 영향을 미치도록 해야 한다. 만약 이러한 휴먼 시스템(Human System)이 습관으로 장착 된다면 어떤 기적이 일어날까? 나와 내 주변에 더 큰 가치가 창출될 것이다. 그것이 바로 감정리폼의 기적이다.

변화를 만들어가는 과정에서 도전에 직면하게 되면서 무의식적 행동과 생각의 패턴에 부딪혀 힘들어질 때, 그 감정을 알아차리고, 공감하고, 이유를 이해할 때, 그 감정에 반응하는 자신의 습관들을 관찰할 수 있게 된다. 감정에 반응하는 충동적 행동, 충동적인 생각들을 어떻게 표현하는지 주마등처럼 떠오른다. 감정리폼은 이렇게 빛의 속도로 패턴이란 관성을 뚫고 들어갈 수 있는 파워풀한 스킬이다.

이렇게 감정리폼 테크닉으로 무의식의 자동화 시스템을 잠시 멈춰 세울 수 있다. 무의식은 수천 분의 1초의 속도로 작동한다. 그래서 의식은 "아니야 그건 나의 의도와는 달라." 라며 개입할 수가 없다. 뇌과학에 따르면 의식은 3초에서 7초 후에야 작동한다고 한다. 그 사이의 갭을 붙들기 위해서는 무의식의 거대한 시스템을 잠시 멈추게 할 감정을 활용해야 한다. 그 것을 멈출 수 있는 기술이 감정과학으로서의 감정리폼이다. 리폼의 과정을 지나면 감정이라는 전령이 전해주는 보물을 발견할 수 있다.

자동화 시스템으로 하루에 오만가지 생각이 오간다는 말은 더 이상 새로운 표현이 아니며 오히려 진부하기까지 하다. 뇌과학 분야의 연구에 따르면 개인에 따라 하루에 3만에서 칠만가지의 생각이 오간다고 한다. 참으로 많은 생각들이 아닐 수 없다.

대부분의 사람들은 이렇게 많은 생각들이 옳은지 그른지도 모르고 살아가고 있다. 이런 삶은 오만가지 생각에 볼모로 잡혀 살아가는 삶이다. 우리의 생각은 95%가 어제와 같다. 무의식의 시스템 속에서 제멋대로 움직이는 자동화된 생각들이다. 그래서 이런 마인드를 방향없이 이리저리 뛰어다니는 '몽키(원숭이) 마인드'라고 부르기도 한다.

정보화의 물결은 지식보다 감정이 중요하다는 사실을 역설적으로 보여주고 있다. 수많은 정보는 하루의 오만가지 생각과 더불어 나의 삶의 현장에서 난장판을 벌인다. 이러한 혼란은 무의식적으로 일어나며 다시 말하지만 우리의 의식으로는 무의식을 멈추게 할 수 없다. 이것을 이해해야만 몸과 마음과 영혼이 하나로 통합된 개혁의 주체가 될 수 있다. 그렇지 못하면 감정은 무의식의 패턴에 힘을 실어주는 악당이 되어버린다.

감정은 인식되지 않고 지나가는 95%의 자동화 시스템을 체크하고 걸러주는 시스템이다. 이성은 바로 코앞에 있는 문제를 인식하지 못한다. 그러나 신체 내에 장착된 안내 시스템은 불안이나 기쁨을 의식보다 먼저, 훨씬 더 예민하게 느낄 수 있다. 그래서 감정은 우리를 지켜주는 고마운 협력자이다.

그러나 불편한 외부환경의 자극에 즉각적으로 반응하는 '자극과 반응' 시스템은 반대다. 불편한 감정이 의식과 만날 수 있는 공간을 허락하지 않기 때문이다. 그로 인해 지금 느끼고 있는 불편한 감정과 비슷한 과거의 경험, 그리고 그 경험에 담긴 정보와 에너지가 무의식적으로 표출되고, 결국 유익하지 못한 결과로 이어지게 된다.

누군가와의 관계가 힘들어져서 자신감을 잃었을 때를 예로 들어보자. 그 감정에 바로 반응해서는 안 된다. 왜냐하면 과거의 기억까지 여과 없이 자동으로 터져 나오기 때문이다. "역시 나는 관계지향의 사람이 아니야.", "난 혼자서 일해야 하나 봐.", "난 혼자가 편해. 사람들에게 맞추는 건 너무 피곤해." 등과 같은 과거의 기억들 말이다.

이러한 감정들은 회오리처럼 커져서 우리의 시야를 가린다. 목적지를 향해 항해하고 있다는 사실을 잊고 일시적인 도피처를 찾게 만든다. 지금 당장의 공허함과 불안함, 불편함이 싫기 때문이다. 이러한 행동양식은 너무나도 쉽게 충동적으로 행동하는 습관이 되고, 더 나아가 중독이 된다.

감정을 마주하면 최상의 생각이 떠오른다

이럴 때 감정리폼을 경험하면, 내 사고방식이 나 자신을 어떻게 방해하는지 성찰할 수 있다. 반대로, 내 사고방식이 내가 꿈꾸고 원해 왔던 것들을 성취하는 데 어떻게 도움이 될지도 깨달을 수 있다. 이때 나의 갈망은 나의 내면 깊숙한 존재로부터 다시금 떠오른다.

이와 같이 최선의 생각을 잘 활용하는 것이 성공과 행복의 비밀이다. 이러한 최선의 생각을 떠올리기 위해서는 감정을 개혁해야 한다.

사물을 인식하는 방식이 어느 한쪽으로 기울어진 것을 인지 편향이라고 한다. 이러한 인지 편향이 습관이 되면 편안함을 느낄 수 있다. 그러나 이것은 나의 성공을 가로막는 요인이 될 수 있다. 이것을 깨닫는 것이 개혁의 시작이다.

　눈앞에 닥친 문제를 회피하기 위한 행동이 습관적 패턴일 수 있음을 알아차린다. 내 생각과 습관, 사고방식이 내가 원하는 삶을 만드는 데 도움이 되지 않는다는 사실도 알 수 있다.

　당신은 감정이 주는 순간적인 불편함이 싫어서, 또는 두려워서, 자신의 꿈에 압도되어서, 퇴근길 술 한 잔이나 야식, TV 드라마나 영화, 운동으로 도피하는 당신을 모두 관찰한다. '오늘은 스트레스를 너무 많이 받았어. 이 정도 보상은 나에게 필요해.'라고 하면서 스스로를 정당화하고, 이러한 행동에 숨겨진 무의식적 패턴을 포용한다. 스트레스 해소를 위해서 간단한 위안조차 받으면 안되냐는 항변하면서, 심신의 긴장을 풀기 위한 행동 자체가 나쁜 건 아니라고 변명한다.

　그러나 그것들은 근본적인 해결책이 될 수 없다. 습관적인 패턴에서 나온 나의 행동이 나와 가족, 그리고 주변 사람들에게 어떻게 받아들여질지를 깨달아야 한다. 어느 쪽을 선택할지는 자신의 책임이자 권리이다.

　'죽음의 수용소에서'의 저자 빅터 프랭클도 '자극'과 '반응'에 대해 이야기했다. 자극에 즉시 반응하는 대신 자극과 반응 사이의 스페이스에서 올바른 선택을 해야 한다고 강조한다. 이것은 우리 자신의 자유의지와 선택에 달려 있다. 우리에게 부여된 신성한 권한이라고도 할 수 있다.

　계속 강조하는 바이지만 자유의지를 선택하기 전에 무의식의 자동화를 멈춰야 한다. 그렇지 않으면 자동적으로 떠오르는 생각과 감정이 곧바로 반응하는 것을 차단할 수 없기 때문이다. 우리 자신이 자극에 대해 즉각적으로, 무의식적으로 반응한다는 사실을 깨달아야 한다. 그래야만 습관이라는 중력으로부터 자유로워질 수 있다.

예시) "너는 치열한 사람이 아니야, 여유 있게 모든 것을 받아들이는 사람이야. 물론 이 세상에는 끝까지 치열하게 밀고 나가서 성공하는 사람들이 있지. 하지만 그건 내가 아니야. 나는 평범한 주부니까 이 정도로 자기개발을 해왔으면 됐어. 더 이상은 욕심이야."

예전의 나는 원하는 갈망앞에서 이러한 정당화를 통해서 마음의 안정을 얻었다. 그리고 사우나를 하거나 재미있는 드라마나 영화를 보면서 불편함을 덜어냈다. 내가 좋아하는 커피 브랜드를 모두 사놓고 주전부리와 함께 즐기기도 했다.

핵심 포인트) 많은 사람들이 감정을 제대로 느낀다는 것이 어떤 것인지 잘 모른다. 두려움과 불편함 때문이다. 그래서 감정을 마주할 여유를 주지 않고, 그 감정을 떨쳐내려고만 한다. 하지만 그러한 행동이 반복되면 마음이 병들게 된다. 자기 자신에 대한 판단, 타자에 대한 폄하, 자기학대와 같은 다양한 행동 패턴이 나타나는 것이다. 이러한 행동들은 충동적이며 중독적이다. 따라서 감정리폼을 이용해서 반드시 벗어나야 한다.

답) 그러나 이제는 다르다. 나는 나의 감정을 주의 깊게 살펴본다. 작은 아이처럼 쓰다듬으며 말을 건넨다. 이 과정에서 우울한 감정을 확인한다. 몸의 반응을 20초간 느끼면서 반응을 중단한다. 나는 지금 호기심을 가지고 징검다리를 건너고 있다. 지금 내가 왜 우울한지를 이해하고, 나를 우울하게 만든 그 사건에 대한 나의 패턴화된 반응이 무엇이었는지를 떠올리고 있다. 우울함과 불편함에서 벗어내기 위한 다양한 행동들을 지속적으로 하고 있다.

독자의 성찰공간

당신은 감정이 휘몰아치는 순간에 어떻게 반응하는가? 반응하는 행동 또는 생각에서 패턴을 관찰할 수 있는가? 다음의 질문에 대답하면서 그 패턴들을 기록해보자.

[감정에 반응하는 습관의 작동방식 관찰하기]

1. 감정을 마음속 깊은 곳에 눌러 두는가? 아니면 바로 반응하는가? 일이나 취미, 맛있는 것, 재미있는 것을 이용해서 그 감정을 외면하는가? 자신만의 패턴을 포착할 수 있는가?
2. 감정의 불편함을 털어내기 위해 자동적으로 하는 행동의 패턴이 무엇인가?
3. 충동적이거나 중독성이 있는 행동을 하는가?
4. 자기학대적인 행동을 하는가?
5. 그것들은 자신이 원하는 행동인가?
6. 어떻게 하고 싶은가?

당신은 존재의 공간 안에, 그리고 존재의 의식의 빛 안에서 감정을 포용했다. 그리고 그 감정의 이유까지 이해했다. 당신은 이제 스스로에 대한 깊은 연민을 품고 있다. 당신이 이러한 깨달음을 얻기 전, 충동적이고 중독적인 행동으로 감정에 반응했던 패턴들을 찬찬히 관찰하였다.

R) 감정의 갈망 알아차리기

누구나 자신이 중요하게 여기는 가치가 담긴 일을 하고 싶어 한다. 자신의 가치를 실현하는 일을 하지 못할 때, 즉 자신이 되고 싶은 그 사람의 특성이 삶에 나타나지 못할 때, 우리의 몸은 무의식적으로 불만족하거나 불편한 감정을 의식에 전달한다. 지금 자신이 행복하지 않다는 신호를 감정의 형태로 내보내는 것이다. 바로 변화에 대한 갈망을 느끼는 순간이다.

그러나 자신이 원하는 변화를 창조해 내기 위한 가치에 집중하는 시간은 하루의 5% 미만이라고 한다. 왜냐하면 무의식의 자동화 시스템이 95%의 삶을 운영하고 있기 때문이다. 무의식은 현상을 유지하는 것이 안전하다고 믿는다. 무의식이 생각하는 안전지대는 변화가 없는 세계다.

그런데 무의식이라는 자동화 시스템의 이면에는 우리가 인식하지 못하는 또 다른 잠재의식이 있다. 학자들은 이 잠재의식도 무의식으로 칭하기도 한다. 여하튼 무의식의 패턴을 바꾸기 위해서는 또 다른 무의식, 즉 잠재의식의 도움을 받아야 한다. 잠재의식 속에 존재하는 진정한 자신이 원하는 것을 끌어 올려야 한다.

우리는 5%의 의식만으로도 여기까지 왔다. 그렇다면 5%의 의식을 10%, 15%로 늘려간다면 어떻게 될까? 10%를 더 알아차리고 우리가 원하는 방향으로 활용할 수 있다면 우리의 삶은 어떻게 달라질까? 이것이 감정리폼이 지향하는 자신의 개혁과 현실 혁명이다.

감정을 존중하라. 매 순간마다 자신을 변혁시킬 감정리폼의 과학을 이해하고 자신이 가진 소중한 자산을 활용하라. 감정리폼이란 감정과학의 스킬로 밑도 끝도 없는 무의식을 넘어서 자신이 진짜 원하는 것을 알아차리고 자신의 삶에 나타나게 할 수 있다. 내면의 존재가 발산하는 최선의 생각으로 현실의 문제를 해결하고 내면의 갈망을 충족시켜주는 창의적인 아이디어가 샘솟는다.

습관적 사고와 무의식적 행동이 내가 원하는 것을 이루는 데 도움이 되었나? 순간적인 스트레스에서 해방되기 위해서, 잠깐의 기쁨과 행복을 느끼기 위해서 선택한 행동은 아니었는가? 내가 원하는 일에 도움이 되어 왔나? 나의 꿈을 이루는 데에 방해가 되지는 않았나? 그렇다면 정말 내가 원하는 것은 무엇인가? 내가 진정 원하는 것이 이루어진 모습은 어떤 모습인가? 그것이 이루어졌을 때의 나는 어떤 사람인가? 그 모습에서 나의 존재는 어떤 의미인가?

예시) 습관적 사고와 무의식적 행동이 내가 원하는 것을 이루는 데 도움이 되었나? 순간적인 스트레스에서 해방되기 위해서, 잠깐의 기쁨과 행복을 느끼기 위해서 선택한 행동이 많았다. 나에게 방해가 되는 행동을 알아차리지 못하고 흘러간다. 감정이 없고 내가 정말 원하는 것이 무엇인지, 그 모습은 어떤것인지 모르겠다.

핵심 포인트) 의식하지 않아도 저절로 행동하게 해주는 시스템. 그것이 바로 습관이다. 이러한 습관이 자신의 진짜 모습이라고 착각하고, 그 짐을 지고 살아가는 사람들이 너무나 많다. 우리의 삶과 생각을 95% 이상 지배하는 패턴은 거대한 기계와 같다. 물론 이 무의식 패턴에는 우리에게 도움이 되는 부분도 많다. 마찬가지로 해로운 부분도 여전히 많다. 우리

모두는 도움이 되지 않는 부분을 바꾸고 싶다. 이 무의식의 기계를 멈출 수 있는 방법은 무의식의 패턴을 알아내는 것이다. 습관과 무의식의 패턴을 인정하고 이해해주는 사람만이 그 기계를 멈출 수 있다. 기계가 멈추면 실체가 드러난다.

답) 만약 자신이 무엇을 원하는지 모르겠다면, 길을 잃고 방황하고 있다고 느낀다면 조금이라도 자신을 편안하게 해주는 감정 혹은 상황을 떠올려 보라. 정말 작은 것이어도 좋다. 예를 들어 집에 있는 반려견이 나를 반겨주는 모습이나, 폭풍이 지나가고 잔잔해진 바다 위에 태양이 내리쬐는 모습을 상상해보자. 원하는 목표에 미쳐서 목표에 다달았던 순간, 조건없는 사랑을 나누었던 순간 등을 떠올려보자. 이러한 모습들은 깊은 내면에서 올라온 순수한 사랑의 모습 그 자체이기 때문이다. 우리는 이러한 순수한 사랑을 체험하려는 갈망이 있다.

5분의 감정리폼을 통해서 자극과 반응 사이에 신성한 공간을 만들자. 그러다 보면 어느 순간, 무의식의 알아차림이 의식의 영역으로 올라올 것이다. 내면 깊숙이 눌려 있는 갈망의 볼륨을 높이고 그 소리를 들어라. 이러한 연습을 하다 보면 지금까지의 반복된 실패 때문에 억눌러 놓은 갈망이 살며시 고개를 들 것이다. 처음에서 10분 걸리고, 20분이 걸릴 수 있다. 그러나 1주일만 연습하면 이내 5분의 시간대로 접어들 것이다.

독자의 성찰공간

자신이 소중하게 여기는 것을 이루지 못하고 살아가면서 촉발되는 감정의 표면적인 이유를 넘어서서, 그 이면에 소망을 이루고 싶은 갈망의 감정을 만나보자.

[감정의 이면에 숨어 있는 갈망 알아차리기]

1. 지금 느끼고 있는 감정의 진짜 이유는 무엇이라고 생각하는가? 감정이 진정으로 원하는 것은 무엇인가?
2. 마음 속 깊이 존재하는 자신의 내면은 무엇을 갈망하는가?
3. 그 존재가 가지고 있는 무한한 잠재력 중에서 무엇을 세상에 보여주고 싶은가?
4. 나만이 지닌 유니크한 재능을 나만의 방법으로 실현하고픈 비전은 무엇인가?
5. 나는 어떤 사람이 되어야만 하는가?
6. 내면에 지닌 무한한 잠재력을 현실에서 마음껏 발휘하는 당신은 어떤 모습인가?

당신은 감정이 진심으로 원하는 것이 무엇인지를 알아보았다. 또한 그와 동시에 내면의 가치도 탐색하였다. 감정이 올라오는 순간, 그 감정과 손을 잡게 해주는 질문을 해보라. 그리하면 깊은 내면의 지혜로부터 샘물과 같은 해답을 길어올릴 수 있을 것이다.

M) 리폼된 감정으로 새로운 대안 끌어당기기

감정리폼 연습을 하면 내면 깊숙이 자리잡은 지혜를 끌어올릴 수 있다. 에고의 생각과 감정과 신념을 잠시 멈추고 깊은 지혜를 만날 수 있다. 감정이 폭군처럼 쳐들어올 때는 그 감정을 관찰하여 멈춰 세워야 한다. 그러면 그 감정의 저 반대쪽에 있는 감정이 데칼코마니처럼 드러난다.

이것은 유도선수가 상대방이 가진 힘을 역이용해서 상대를 넘어뜨리는 원리와도 같다. 나에게 덤벼드는 감정을 직면하고 온몸으로 품을때 그 감정을 경영할 수 있다. 자극에 격렬하게 반응하며 달려드는 감정을 맞이하여 받아주기만 해도, 반대편의 데칼코마니의 감정이 진짜 모습을 드러낸다. 즉 지혜가 우리를 기다리는 순간이다.

이러한 시프트를 만드는 것이 감정리폼의 핵심활동이다. 데칼코마니의 감정에서 발견한 지혜가 자신의 의식과 연합할 때, 우리가 상상할 수 없는 파워풀한 효과가 나타나게 된다. 자기 수용, 자기 존중, 자기 용서, 자가치유, 회복탄력성 향상 등이 그러한 효과들이다. 자존감과 자신감도 높아진다. 사랑과 온정의 마음으로 우호적인 인간관계를 맺고, 창의적 솔루션으로 자신의 일을 성취할 수도 있게 된다. 이것이 기적이 아니라면 무엇을 기적이라 할 수 있을까?

진정으로 원하는 것을 알게 된 지금의 감정은 어떠한가? 지금의 감정은 이미 이전과 달라졌다. 문제를 보는 감정이 아니라 솔루션을 향한 감정으로 리폼되었다.

예시) 원하는 것이 이루고 싶은 갈망을 느낀다. 그 열정으로 무엇을 하고 싶은지 그 열정을 구체적으로 만나기 위해 무엇을 해야하는지 모르겠다.

핵심 포인트) 감정에 동반되는 에너지를 자신과 주변에 유익한 방향으로 사용할지의 여부는 각자의 선택에 달려 있다. 여기에서 올바른 선택을 하는 것, 그것이 우리가 감정리폼을 하는 이유다. 감정이 올라오는 것과 그 감정에 머무는 것은 다르다. 그래서 기술이 필요한 것이다. 그 기술을 연습해서 숙달되면, 앞의 5단계의 징검다리를 지나면서 나를 괴롭히던 감정은 오히려 나를 자유롭고 풍요롭게 해주는 엄청난 자산이 될 것이다.

답) 원하는 자신의 꿈과 가치를 창조하기위해 전략과 전술 실행하는 자신을 상상해보자. 그 전략이 당신을 끌어당기고 있다고 상상해보자. 그 순간의 감정을 가슴에 담고 느껴보라. 그러면 성취하도록 자석처럼 당신을 끌어당길 것이다. 당신은 강력한 목적에 이끌려 행동하게 될 것이다. 불확실한 미래를 예측하는 창조경영의 핵심원리이다.

독자의 성찰공간

모든 사람은 자신만의 재능을 가지고 태어났다. 그 재능이 발휘되지 않을 때, 재능을 발휘할 잠재력을 끌어올려 발휘하지 못할때, 불만족스러운 감정들과 불편한 감정들이 우리를 찾아온다. 좋은 선물을 가져다 주는 전령이나 우체부처럼 말이다. 다음의 질문을 따라 리폼된 감정을 맞이하고 메시지를 확인해보자.

[리폼된 감정 & 새로운 대안 끌어들이기]

1. 진정으로 원하는 것을 이룬 나는 어떤 사람인가?
2. 그 모습은 어떠한가? 오감의 감각으로 느껴보자. 지금의 감정은 어떠

한가?

3. 원하는 갈망을 이루어 낸 자신의 재능과 능력은 무엇인가?

4. 비전을 이루기 위해서 사용해 보지 않았던 자원은 무엇인가?

5. 그 모습을 만나기 위해서는 무엇을 버려야 했는가?

6. 비전을 성취하는 과정에서 어떤 에너지를 발산하고 싶은가?

지금까지 감정이 전하는 지혜를 만나기 위한 구체적이고 과학적인 절차를 알아보았다. 바쁜 일상 속에서도 짬을 내서 감정리폼의 징검다리를 건너면 누구나 지혜를 만날 수 있고, 그 지혜로부터 해답을 얻을 수 있다. 연습을 통해서 우리는 지혜의 여신이 되어갈 것이다. 이 지혜는 오늘을 살아가는 모든 사람에게 절실하다.

감정기폼의
다양한 사계

『어떤 삶을 만들어 갈 것인가는 전적으로 나 자신에게 달려있다.
필요한 해답은 모두 내 안에 있으니까.』

— 하인츠 쾨르너, 『아주 철학적인 오후』 저자

제4장

건강을
위한
감정리폼

60조 개의 세포 안에도 지능이 있다.

우리의 몸은 60조 개의 세포로 이루어져 있다. 한 개의 세포는 1.17볼트의 가용 에너지를 보유한다. 이것은 AAA건전지 하나의 가용 에너지(1.5볼트)와 맞먹는다. "내 몸은 제약회사고 나는 처방을 하는 의사다" (부르스 립튼)

건전지는 1회용이지만 우리의 몸은 생명이 있는 한 스스로 세포를 재생한다. 그 에너지를 잘 활용하면 그야말로 무한대의 에너지를 보유한다는 의미이다. 우리의 몸은 1.17볼트 건전지 60조 개의 에너지를 가진 발전소이다.

그래서 우리의 휴먼 시스템은 기적 그 자체다. 나의 의식적 선택에 따라 스스로 건강한 화학물질을 분비할 수 있고, 습관적으로 작동되는 무의식의 자동화 시스템을 멈출 수도 있다. 더 이상 도움이 되지 않는 행동과 생각의 패턴을 바꿀 수 있는 것이다.

뇌를 활용하면 할수록 더 나은 결과를 낼 수 있다. 뇌 가소성 이론에 따르면, 뇌는 끊임없이 명령에 따라 적응하고 새로운 것을 만들어낸다고 한다. 이것은 심뇌과학의 최신 연구결과가 증명하는 사실이다. 만약 당신이 '어제 먹었던 것과 같은 것을 먹어야지'라고 생각하면, 뇌는 어제 먹었던 것을 생각하고 저장된 대로 작동한다. 그러나 당신이 '오늘은 뭔가 새로운 것을 먹어야지'라고 생각하면, 뇌의 시상에서 먹을 것에 대한 새로운 정보를 찾기 위해서 필터링을 하게 된다. 이것은 새로운 것을 보기 위해서 카메라 렌즈가 작동하는 것과 같은 원리다.

뇌의 이러한 기능, 즉 RSA(Reticular Activating System)가 의식적인 선택을 대뇌피질로 전달하여 각성과 의식을 유지하도록 해준다. 뭔가 새로운 것을 찾기 위한 역동적인 활동이 일어나는 것이다. 이것은 우리가 의식적인 선택을 할 때 내 몸의 시스템이 협력자 역할을 한다는 뜻이다.

이와 같이 뇌는 자신의 의식과 선택에 따라 움직인다. 건강과 복지를 갈망하여 건강한 삶을 지향하는 선택을 한다면, 그 선택은 반드시 의식적인 선택이어야 한다. 뇌는 RAS라는 뇌기능 시스템을 이용해서 새로운 명령을 수행할 것이다. 인간은 이러한 의식을 이용해서 자신의 신체에 즉시 명령을 내린다. 이때 건강한 화학물질이 제조되면 몸과 마음이 새로움과 희망을 느끼게 된다.

의식적으로 다른 선택을 하면 뇌의 기능도 달라지기 시작한다. 우리가 의식적으로 결단하는 순간, 뇌하수체에서는 이전과는 다른 호르몬을 분비하기 시작한다. 이로 인해 몸과 마음의 에너지가 달라진다. 그리고 그와 동시에 내 몸은 고마운 조력자가 된다. 이와 같이 나의 몸에 도움이 되는 좋은 호르몬과 화학적 신경전달물질은 나 자신의 선택에 의해서 만들어진다.

반대의 경우는 무의식적인 자동화 시스템에 의해서 화학전달물질이 분비되는 경우다. 과거의 습관이 자신에게 유익하지 않은 것이라면 저절로 해로운 호르몬을 분비시키는 것이다. 여기에 나의 의식적인 선택은 끼어들 틈이 없다.

과거에 두려운 경험을 했거나 어떤 사람 때문에 화가 많이 났던 경우, 비슷한 상황에 처하는 순간 코티졸과 같은 스트레스성의 호르몬과 신경전달물질이 저절로 분비된다. 이러한 자동화 시스템을 바꾸어야 한다. 그리고 삶의 운전대는 내가 잡아야 한다.

감정리폼 과정에서 감정을 오롯이 느낄 때 긴장감이나 불편함으로 인해서 심장박동이 빨라질 수도 있다. 그러나 두려워할 필요는 없다. 깨어 있는 상태로 자신을 알면 긴장감을 느껴도 스트레스성 호르몬인 코티졸이 분비되지 않기 때문이다. 이것이 감정리폼 과정에 체험하게 되는 20초의 과학이라 불리는 기적의 순간이다. 자신의 몸의 반응을 알아채기만 하면 해로운 화학성분이 분비되지 않게 해주는 것이 바로 과학의 힘이다. 기적의 힘이다.

스트레스를 느낄 때 어떤 감정을 느끼는가? 스트레스를 느끼는 순간의 심리적 상태를 관찰해야 한다. 압도되는 순간의 심리를 관찰하고 원인을 살펴야 한다. 평소의 자동적 패턴을 인식하고 자신이 진짜 원하는 것을 확인해야 한다. 이 과정에서 떠올라오는 지혜는 창의성과 감사, 그리고 협조적인 마음을 선사해준다. 그리고 우리의 내면 깊이 잠들어 있던 최선의 마인드가 떠오르게 된다.

이것이 바로 감정리폼의 프로세스이자 결과이다. 우리의 감정이 우리의 삶을 컨트롤하는 주인이 되도록 내버려두어서는 안 된다. 그런 습관을 개선하지 않고 수수방관하면, 게으름과 무기력이 좌절감과 분노로 뒤 섞여 우리를 더욱 심하게 괴롭힐 것이기 때문이다.

감정리폼을 하면 무의식적이고 습관적인 반응에 압도당하지 않는다. 감정리폼을 이용해서 깨어 있는 몸과 마음을 만들어야 하는 이유가 바로 여기에 있다.

〈 R.E.F.O.R.M. 사례 A 〉

만성피로감으로 늘 몸이 무겁다. 최근 개운하게 일어나는 날이 단 하루도 없다. 아침에 눈을 뜨기 힘들다. 오후가 되면 집중도가 현저히 떨어진다. 긴장감 때문에 어깨와 목이 늘 뻣뻣하다. 영양제, 피로회복제는 물론이고 계절마다 보약도 지어먹지만 그때뿐이다.

온몸에 돌덩이를 달아 놓은 것 같은 피로감이 일주일에 최소 3~4일간 지속된다. 주말에는 휴식을 취하기 위해서 외출도 잘 하지 않는다. 요즘은 코로나 덕분에 식구들과 야외로 나가지 않아도 된다. 덕분에 소파와 한 몸이 되어 주말을 보낸다. 하지만 월요일 아침은 여전히 힘들다.

리폼 단계	질문 & 관찰	정리/요약
Recognizing emotion 지금의 감정을 확인하기	현재의 감정은 무엇인가? 몸이 활기가 없고 에너지가 부족해서 마음먹은 일이 쉽게 진행되지 않는다. 마음은 앞서가지만 행동으로 좀처럼 이어지지 않는다. 예전의 생활로 돌아가기는 힘들 것 같다. 너무 정체되어 있는 느낌이다. 탈출구가 없다.	감정확인: 불안 무력감 긴장감 예민함
Empathizing emotion 감정의 느낌을 공감하기	그 감정을 느낄 때의 몸의 반응을 20초 정도 관찰해보자. 몸의 반응은 어떤가? 머리가 뜨겁다. 심장의 근육이 조여든다. 몸이 나른해진다. 만성피로 특유의 나른함으로 인해 답답함을 느낀다	신체의 반응으로 나타나는 감정의 에너지와 함께 있어줌
Finding the reason of emotion 감정의 이유를 이해하기	그 감정이 올라온 이유는 무엇인가? 회사 사정이 어려워져서 언제 인원감축을 할지 모른다는 불안감이 든다. 그 대상이 내가 될 수도 있다. 코로나 때문에 실적에 대한 압박을 받고 있다. 하지만 그것은 내 잘못도 아니고, 내가 통제할 수 있는 것도 아니지 않은가? 생각할수록 무기력해진다. 그런데도 상사는 코로나를 핑계삼지 말라고 한다. 그 말을 듣고 너무 화가 났다. 실적 부진의 책임을 팀원들에게 전가하려는 상사에게 실망했다 식구들도 예민하다. 외출을 하지 못해서 집안에 있는 시간이 길어졌기 때문이다. 별 것 아닌 일에도 언성이 높아진다. 직원들끼리도 퇴근 후에 술 한 잔 하는 문화가 없어졌다. 친구들을 만난지도 꽤 오래되었다. 얼마 전에 좀 잠잠해지는 것 같아서 친구를 만나기로 했는데, 회사 근처에서 확진자가 나왔다는 문자를 받고 급히 취소했다. 스트레스를 풀 데가 없다. 하루 종일 마스크를 착용하고 있으려니 숨쉬기가 힘들다. 가끔 벗기는 하지만 마스크 속 공기가 답답하고 신선하지 않다. 하지만 내가 우리 회사 1호 감염자가 되면 어쩌나 걱정된다. 정기적으로 하던 운동도 1년째 다니지 못하고 있다. 땀을 흘려본지 오래돼서 혈액순환이 안 되고 정체된 느낌이다. 군살이 늘고 유연성이 많이 저하되었다.	감정이 올라온 이유를 머리로 이해함

Observing the pattern 감정에 반응하는 습관의 작동방식 관찰하기	그 감정이 올라올 때 패턴화된 생각과 행동은 무엇인가? 머리를 써야 할 때, 피곤하다고 느껴질 때는 커피를 마신다. 그러다 보니 하루 3~4잔은 기본이고, 더 많이 마실 때도 많다. 퇴근 후에 편의점에 들러서 맥주와 안주를 산다. 혼자서라도 한 잔 해야 스트레스가 풀릴 것 같아서. 맥주나 커피를 많이 마신 날에는 밤에 잠들기가 쉽지 않다. 그럴 땐 유튜브를 보다가 늦게 잠이 든다. 집에서 홈트레이닝 영상을 본다. 하지만 그냥 보기만 한다. 빼앗긴 에너지를 채울 곳이 필요하다. 어떻게 해야 활기를 찾을 수 있을까? 잠시 생각하다가 잊어버린다.	감정이 주는 불편한 느낌을 빨리 덜어내기 위한 충동적인 혹은 중독성의 습관
Realizing hunger of emotion 감정이 진정으로 원하는 것 알아차리기	진정으로 원하는 것은 무엇인가? 무기력에 빠져서 아무것도 못하고 있는 요즘, 나만의 스트레스 해소 방법을 찾고 싶다. 즐거워지고 싶다. 고갈되어가는 에너지를 채우고 싶다. 미래의 불안정한 상황에 대비하고 싶다. 회사에서 실력 있는 사람으로 인정받거나, 적성에 맞는 일을 즐겁게, 해고당할 걱정 없이 하고 싶다. 원하는 것이 이루어진 모습을 상상해보라. 진정으로 원하는 것을 이루어가는 자신은 어떤 모습인가? 만성피로에서 벗어나 활기 넘치는 모습이다. 어떤 일이 떠오를 땐 행동으로 실행하며 동료들과 협력하며 회사생활을 하는 모습이다.	겉으로 드러난 감정 이면에 있는 데칼코마니의 감정이 진정한 갈망을 드러낸다 30초 정도 눈을 감고 갈망이 이루어진 모습을 상상한다

| Magnetizing reformed emotion & new option 리폼된 감정으로 새로운 대안 끌어당기기 | 그 모습을 상상하면 어떤 새로운 감정이 떠오르는가?
몸이 가벼워지는 것을 느낀다. 희망이 떠오른다.

리폼된 감정으로 새롭게 떠오르는 생각과 감정은?
맥주 대신에 톡 쏘는 탄산수로 청량감을 대체한다.
커피나 음주가 주는 잠시의 즐거움이 있었다. 하지만 그것이 오히려 다음날의 피곤을 가중시키고 있었다.
결국 나는 소소한 즐거움이 있는 삶, 활기 있는 삶을 살고 싶었던 것이다.
평균 수명이 자꾸 길어지고 있다. 코로나가 종식되더라도 더 나쁜 전염병이 돌지 말라는 법이 없다. 나만의 스트레스 해소법을 찾아내야 한다.
홈트레이닝 영상을 보는 것만으로는 운동이 되지 않는다. 유료 앱을 구입해서 땀을 흘려보자. 지출을 하면 조금은 강제성과 책임감이 느껴지기 때문이다.
요가를 할 때 제일 즐거웠다. 그때의 기억을 다시 느껴보고 싶다.
결국 내가 원한 것은 기운을 되찾아서 활기찬 생활을 하는 것으로, 지금을 제2의 인생을 준비하는 시간으로 만들자. | 자신이 원하는 모습에서 우러나오는 감정은 초기에 느꼈던 감정과는 다르다. 리폼된 감정에 라벨링을 한다면?

리폼된 감정에서 찾은 새로운 대안은 무엇인가? |

감정리폼이 건강에 미치는 영향

스트레스에 대처하는 방식은 건강에 다양한 영향을 미친다. 만성피로에 대처하느라 늦잠을 자거나, 휴대폰이나 SNS가 주는 일시적 성취감에 빠져들거나, 음주 또는 흡연을 이용해서 불안을 잠재우려고 애쓰기도 한다. 때로는 정크푸드가 주는 혀끝의 만족을 추구함으로써, 뇌가 도파민을 분비하도록 눈속임을 한다.

이 모든 행동들은 일시적인 만족감을 준다. 그러나 그 대가를 평생 치러야 할 수도 있다. 나 자신에 대한 일시적인 보상이라는 것까지는 부정하지 않는다. 하지만 이것이 패턴, 즉 습관으로 굳어져서 건강이 나빠지도록 내버려두면 안 된다.

어떤 해결책을 선택하느냐는 나에게 달려 있다. 스스로의 감정을 관찰하고 내면의 자신과 소통함으로써, 무의식에 새겨진 패턴을 새로운 패턴으로 바꾸어 나가야 한다.

루틴, 즉 습관으로 만드는 것은 감정리폼으로만 가능하다. 왜냐하면 무의식의 자동화 과정을 멈추기 위해서는 무의식보다 빠르게 움직이는 감정의 에너지를 우선 알아차려야 하기 때문이다. 감정이 올라오는 순간, 그 감정을 관찰하고 올바른 선택을 하면 불만족스러운 현실을 당장 개혁해 나갈 수 있다. 이것이 5분혁명의 감정리폼이다.

이러한 개혁을 거쳐 선택된 대안을 새로운 체내 시스템으로 구축해 나가야 한다. 이 엄청난 일을 엄청난 전략으로 실행하기는 쉽지 않다. 엄청난 일일수록 재빠르게, 느낌을 믿고 처리해야 한다.

많은 사람들이 불확실한 미래를 불안해하며 아등바등 살아가고 있다. 늘 긴장과 강박 속에서 생존을 위한 스트레스를 받고 있는 것이다. 방어하고 공격하고 도피함으로써 자신을 보호하는 원초적 본능에 의한 마인드셋이 뇌에 장기적으로 아드레날린과 코티졸 등의 호로몬을 분비하도록 명령하고 있다. 우리의 행동과 생각의 상당 부분이 뇌에서 일어나는 자동화된 무의식적 반응의 결과라는 뜻이다. 이 사실에 대해서 항상 깨어 있어야 한다.

많은 직장인들이 코로나로 인한 인원감축의 대상이 될까 봐 불안과 압박을 느끼고 있다. 자신이 통제할 수 없는 상황이기 때문에 무력감 또한 느끼고 있다. 이러한 감정은 부정적인 방향으로 뇌를 작동시킨다. 뇌가 스트레스 호르몬을 분비한다. 분비된 호르몬이 신체로 퍼지면 그에 상응하는 1,400여 개의 해로운 화학물질이 함께 분비된다. 늘 싸우고 지키는 마인드로 살아가는 것은 근육에도 긴장과 부담을 준다. 이로 인한 불필요한 에너지 소모 때문에 신체의 항상성과 면역에 사용되어야 할 에너지가 늘 부족해진다. 결국 만성피로에서 벗어나지 못하는 것이다.

감정리폼은 이러한 자동화의 사이클을 잠시 멈추고 관찰할 수 있게 해준다. 건강에 적신호를 야기해온 자신의 행동패턴을 살펴볼 수 있는 스페이스를 만들어준다. 그 스페이스 안에서 나은 옵션을 선택할 수 있다. 건강에 도움이 되는 행동패턴을 선택할 수 있게 되는 것이다.

알아차림 없는 루틴은 만들 수 없다. 기존의 낡은 패턴을 관찰하고 알아차려야만 새로운 패턴을 만들고 싶은 갈망이 생긴다. 거기서 한 걸음 더 나아가면 건강한 삶을 영위할 수 있는 실질적인 방법을 거머쥘 수 있다. 이것이 우리의 삶을 개선시키기 위한 가장 현명하고 자명한 과학이다.

누구나 한두 가지의 트라우마를 가지고 있다. 이것이 우리의 건강한 삶을 방해하곤 한다. 다음의 사례를 통해서 트라우마가 우리의 삶에 어떤 영향을 주는지 이해하고 감정리폼을 해보자.

⟨ R.E.F.O.R.M. 사례 B ⟩

어린 시절, 날카로운 칼로 통조림을 열다가 손을 크게 베여서 수십 바늘로 봉합을 했다. 지금도 칼이나 가위를 만질 때마다 소름이 돋는다. 아직도 칼에 베였을 때와 비슷한 상황이 되면 그때 당시가 너무도 생생하게 떠오른다.

리폼 단계	관찰	정리 / 요약
Recognizing emotion 지금의 감정을 확인하기	현재 무슨 감정이 떠오르는가? 날카로운 것을 만질 때마다 긴장된다. 소름이 돋을 정도로 두렵다.	감정확인: 두려움 긴장감 소름 돋는 상상
Empathizing emotion 감정의 느낌을 공감하기	그 감정을 느낄 때의 몸의 반응을 20초 관찰해보자. 몸의 반응은 어떤가? 칼에 베이는 느낌 때문에 움츠려 소스라친다. 협곡 아래로 떨어지듯 심장이 심히 수축된다.	그 상처로 인한 공포감을 돌보아 주듯, 두려워하는 자신과 함께한다. 과거를 기억함으로써 나를 보호하려는 공포를 수용한다. 소름끼치는 순간에 신체가 어떻게 반응하는지 알아차린다. 심장에 집중하여 크게 심호흡하면서 몸의 반응과 함께한다.
Finding the reason of emotion 감정의 이유를 이해하기	그 감정이 올라온 이유는 무엇인가? 날카로운 물건의 위험성을 경고해 줌으로써 자신을 보호하려는 본능적인 반응인 것 같다.	과거의 두려운 경험을 지금 다시 느끼는 이유는, 과거의 상처로 인해 발생한 두려운 감정에 제대로 직면하지 않았기 때문이다.
Observing the pattern 감정에 반응하는 습관의 작동방식 관찰하기	그 감정이 일어날 때 패턴화된 생각과 행동은 무엇인가? "나는 통조림을 잘 열지 못해.", "나는 칼에 손을 잘 베여서 칼을 사용하는 것을 싫어해."	감정이 주는 두려운 느낌을 빨리 덜어내기 위해 고착된 관념과 신념으로 판단한다. 삶의 경험을 제한하는 행동과 생각을 반복한다.

Realizing hunger of emotion 감정이 진정으로 원하는 것 알아차리기	진정으로 원하는 것은? 트라우마가 내 삶을 지배하는 깃을 원치 않는다. 트라우마 때문에 아이들에게 맛있는 요리를 해주지 못하고 있다. 이제는 벗어나고 싶다. 칼을 자유롭게 사용하고 싶다. 시원한 수박을 직접 썰어서 가족과 함께 먹고 싶다. 원하는 것이 이루어진 모습을 상상해보라. 진정으로 원하는 것을 이루어가는 자신은 어떤 모습인가? 가족들이 내가 만든 맛있는 요리를 함께 즐기는 행복한 모습을 상상해 보았다. 그러자 두려움이 흥분으로 바뀌었다.	과거의 경험으로 인해 발생한 감정이 계속 남아 있는 이유는, 그 감정 속에 담긴 지혜의 메시지를 아직 발견하지 못했기 때문일지도 모른다. 겉으로 드러난 감정 이면에 있는 데칼코마니의 갈망을 알아차려라.
Magnetizing reformed emotion & new option 리폼된 감정으로 새로운 대안 끌어당기기	그 모습을 상상하면 어떤 새로운 감정이 떠오르는가? 새로운 것을 시도하는 마음, 창조적 긴장감과 흥분, 그리고 안도감을 느낀다. 새로운 감정으로 어떤 생각과 행동이 떠오르는가? 뾰족한 것에 대한 두려움을 극복한 나는 멋진 요리사가 되고 싶다. 나는 이제 당당하고 자신있게 칼을 사용한다.	데칼코마니의 감정에 라벨링하자! 데칼코마니의 감정 안에 숨어있는 지혜를 끌어올리자.

하버드대학, 인디애나대학, 플로리다대학 등의 교수진이 뉴바이올로지(New Biology) 분야와 후생유전학 분야에서 다양한 연구를 벌이고 있다. 이들은 감정리폼과 비슷한 형태의 연습을 90일 동안 지속한 결과, 면역시스템을 강화하는 유전자 230개가 무려 300%~400%강화되었다는 연구결과를 발표하였다.

이 연구에 참여한 대학교수들은 마음가짐을 고치고 정서의 방향을 바꾸면 심장병조차 호전된다고 말했다. 하트매스 기관에서는 심장의 리듬이 두세 번의 호흡으로 바뀌는 것을 실험으로 증명한 바 있다. 실제로 심장박동모니터를 확인해 보면, 불규칙하고 약하던 심장의 리듬이 건강하게 바뀌는 것을 알 수 있다.

이러한 과학적 연구결과들이 말하는 것은 명백하다. 감정리폼의 테크닉을 활용하면 정서의 방향이 바뀌고, 그 결과로 우리의 삶에 놀라운 변화가 일어난다는 것이다. 최신 뇌과학은 매일 5분의 실천이 기적을 만들어낸다는 사실을 과학적으로 증명하고 있다.

잠재의식의 땅에 위대한 씨앗을 심어라

기적적인 치유력도 잠재의식에서 비롯된다. 어두컴컴한 나의 내면의 암실은 어떤 이미지로 가득차 있을까? 위대한 진실로 채워져 있다면 현실에 반영되어 나타날 것이요, 어두움과 두려움으로 채워져 있다면 또한 그렇게 나타날 것이다.

잠재의식에 대한 이러한 진실을 이해하고 연습하면, 자신이 진정으로 원하는 모습이 되고자 하는 잠재적 욕망의 지배를 받게 된다. 그렇게 되면 우리는 삶의 4가지 영역, 즉 돈, 관계, 건강, 직업에서 조화와 성공을 누릴 수 있다. 마치 내가 먹은 음식이 나의 일부가 되듯이, 내가 품은 생각과 신념은 내 삶의 일부가 되어 지속적으로 영향력을 행사한다.

잠재의식의 파워엔진이 어느 방향으로 나아가고 있는지 의식하는 것이 가장 중요하다. 내가 원하는 현실이 아니라면 잠재의식을 체크해야 한다. 그 확인 방법이 바로 감정리폼이다. 잠재의식의 암실에서 진정으로 원하는 이미지를 실현하고자 하는 갈망을 느낄 때, 그 암실은 위대하고 창의적인 아이디어로 가득 차게 된다.

지금 당장 내면에 존재하는 진실하고 아름답고 고상한 덕목을 생각하라. 그리고 그 마인드셋을 선택하라. 그러면 당신의 삶은 그 덕목들로 둘러싸이게 될 것이다. 거기에서 나오는 위대한 씨앗을, 지적인 생각들을 잠재의식의 땅에 심으면 된다.

이제 독자 여러분이 실습할 차례다. 일상의 번잡함을 잠시 멈춘 뒤, 심호흡을 하면서 자신의 감정에 주목해보자. 감정리폼 과정을 따라서 징검다리를 건너는 자신을 의식의 브릿지(Lucid Bridge)에서 살펴보자.

〈 R.E.F.O.R.M. 연습 〉

리폼 단계	관찰	정리/요약
Recognizing emotion 지금의 감정을 확인하기		
Empathizing emotion 감정의 느낌을 공감하기		
Finding the reason of emotion 감정의 이유를 이해하기		

Observing the pattern 감정에 반응하는 습관의 작동방식 관찰하기		
Realizing hunger of emotion 감정이 진정으로 원하는 것 알아차리기		
Magnetizing reformed emotion & new option 리폼된 감정으로 새로운 대안 끌어당기기기		

커리어를
위한
감정리폼

직업과 전문성의 방향까지 스스로 알게 되는 내장된 시스템을 오픈하라

지금 이 시대를 뷰카(VUCA)시대라고 한다. VUCA는 변동성(Volatility), 불확실성(Uncertainty), 복잡성(Complexity), 모호성(Ambiguity)의 앞글자를 따서 만든 말이다. 한 마디로 불확실하고, 복잡하고, 모호하며, 변화가 많은 시대라는 뜻이다.

이러한 뷰카 시대를 살아가다 보면 커리어(career)에 대한 고민을 하지 않을 수 없다. 최근 들어 커리어는 직장에서의 경력을 넘어, 성공적인 삶이라는 관점에서 통합적으로 인식되고 있다. '부캐', 즉 제2의 캐릭터라는 말에서 알 수 있듯이, 요즘 직장인들은 두 가지 이상의 일을 하면서 불확실성에 대비하는 것을 당연하게 생각하고 있다.

그런데 자신의 가치와 재능, 비전보다 유행하는 것들을 마구 시도하다가 오히려 슬럼프에 빠지는 사람이 많다. 커리어와 잡(job)을 구별하지 못한 채로 오로지 회사를 위해서만 일하다 보면 스스로의 경쟁력이 떨어질 수 있다. 자신만의 고유한 가치와 재능을 발전시키고, 일과 삶을 조화시켜 의미 있는 삶으로 가꿔나가야 한다. 뷰카의 시대에도 익숙하지 않다는 이유로 현재에 안주하는 사람이 너무나 많다.

타인의 성공을 따라가지 말고 자기 자신의 길을 가야 한다. 자신만의 재능을 활용하여 더 큰 가치를 창출할 수 있는 커리어를 찾아야 하는 것이다. 이것을 이해한 사람은 아무리 힘들어도 번아웃에 빠지지 않는다. 이것은 시카고대학의 미하이 칙센트미하이 교수가 '몰입(Flow)'이라는 저서에서 주장한 것과 일치한다.

감정리폼을 활용하면 이제껏 몰랐던 재능을 발견할 수 있다. 또한 그 재능을 연습하고 육성할 창의적인 아이디어를 떠올릴 수도 있다. 더 나아가 재능과 열정, 아이디어를 융합하여 전문적인 커리어로 발전시켜 나갈 수도 있다.

감정리폼 6단계를 거치면 내면 깊은 곳에 있는 존재가 감정 안에 내포된 지혜를 발견하게 되면 우리는 그 메시지를 겸허히 받아들일 것이다. 이것을 느끼거나 알아차릴 때, 자신이 진정으로 원하는 것이 의식의 표면으로 떠오른다. 이것은 자신의 가치와 밀접하게 연결되어 있다. 그러나 내면 깊은 곳에 있는 존재에 다가가기 위해서 에고의 언어로 조율해야 할 때가 종종 있다.

예컨대 "당신이 중요하게 여기는 것이 무엇인가요?", "당신이 좋아하는 것이 무엇인가요?"라는 질문을 받으면, 대부분의 사람들은 "중요한 것이 무엇인지 잊고 살아왔어요.", "잘 모르겠네요." 등으로 대답한다.

그런데 질문을 바꾸어서 "무엇이 당신을 화나게 만드나요?", "지금 당신을 화나게 하는 상황에서 정말로 원하는 것은 무엇인가요?"라고 질문하면 대부분의 사람들이 쉽게 대답을 내어놓는다. 우리를 괴롭히는 불만족스러운 감정들은 우리의 몸과 마음에 강하고 지속적인 영향을 미치기 때문이다.

자신의 가치에 따라 시도했지만 매번 실패하고 좌절을 겪는 이유는, 앞에서 여러 번 강조했듯이 깨어 있는 시간의95%를 지배하는 습관화된 패턴 때문이다. 따라서 내가 진정으로 원하는 방향으로 나아가기 위해서는 무의식적 운영체제의 메커니즘을 알아야 한다.

이러한 인식이 결여된 저항이나 싸움은 계란으로 바위치기다. 습관의 힘이 엄청난 속도로 작동하기 때문이다. 의식에 따른 생각이 뇌에서 작동하기 전에 무의식적 패턴이 먼저 시작된다. 내 몸과 마음에 대한 통제권을 가로채는 것이다. 그래서 새로운 의식이나 생각이 올라가지 못한다.

그렇기 때문에 반드시 방식이 달라져야 한다. 싸우는 방식으로는 불가능하다. 자기개발의 버전을 높여야 한다. 자기개발 방법론의 버전 1.0이 '연습하면 완전해진다'였다면, 버전 2.0은 감정이라는 최첨단의 테크놀로지를 활용한 완벽한 연습을 통해서 성공적인 변화를 만들어 내는 것이라고 할 수 있다.

습관의 시스템을 벗어나서 행복과 성공을 만들어내고 싶다면, 현재 자신의 행동과 생각이 자신이 원하는 삶의 모습과 다름을 알아차려야 한다. 이때 몸의 언어인 감정을 활용해야 한다. 두뇌에서 발생하는 무의식적 생각보다 몸의 언어인 감정이 더 빠르기 때문이다. 그래야만 변화의 게임에서 레벨업을 지속할 수 있다. 게다가 마인드를 초월한 내면의 지혜가 전하는 정보는 감정을 통해서만 깨달을 수 있다. 그리고 각자의 삶에서 중요하게 여기는 진짜 가치는 지혜가 전하는 메시지를 통해서만 발견할 수 있다.

가치는 주어지는 것이 아니라 만들어내는 것이다

당신이 당신의 가치나 재능과는 거리가 먼 기업에서 일하고 있다고 가정해보자. 갤럽조사에 따르면 직장인의 90%가 직장이 요구하는 가치와 자신이 추구하는 가치가 일치하지 않는다고 대답했다. 또한 직장을 통해 행복을 실현하지 못하는 이유는 회사가 자신의 재능을 발휘할 기회를 주지 않아서라고 답변했다. 많은 사람을 만나봤지만 회사에서 하는 일이 자신의 가치를 실현시켜주고, 거기에 만족한다는 사람은 거의 없었다.

그렇다면 직장을 무작정 그만두고 본인의 가치와 부합하는 다른 일을 찾아야 할까? 그렇지 않다. 이 세상 어디에도 자신의 재능을 발휘하여 가치를 창출해 나갈 기회가 준비된 곳은 없다. 가치는 주어지는 것이 아니라 스스로 창출하는 것이기 때문이다.

예를 들어 당신의 재능이 다른 사람의 성장을 돕고 격려하는 소통능력이라고 가정해보자. 그 재능을 발휘할 기회는 없을지, 평소의 직장생활 속에서 찾아보자. 예를 들어 회의시간에 사람들의 의견을 끌어내서 서로 의견을 주고받을 수 있도록 돕는 촉진자의 역할을 할 수 있다. 회의 때마다 지루함과 실망감 속에서 시간이 빨리 지나가기만 기다리지 말고, 회의 참가자들이 정말로 원하는 것이 무엇인지 알아낸 다음에 상호 의견을 조율하고 협의하게 도울 수 있다는 말이다. 어느 쪽을 선택할지는 전적으로 당신에게 달려 있다.

자신이 원하는 가치를 만들어내고 경험하기 위해서는 조금의 용기만 있으면 된다. 가치를 창출하기 위해서 자신의 재능을 용기 있게 표현하고 활용해야 새로운 방법이 떠오른다. 담대한 감정이 가슴 깊은 곳에서부터 솟아나게 될 것이다. 이것은 자신과 자신의 인생을 업그레이드할 무기를 확보하는 것과 같다. 자신만의 장점을 가진 인재로 거듭나게 되는 것이다.

직장생활에서는 내가 타인을 바꾸기 힘들다. 나 자신이 바뀌어야 한다. 나 자신이 소중히 여기는 가치를 기반으로 재능을 발휘해 나가야 한다. 더 나아가 이것을 평생 습관으로 정착시켜야 한다. 그렇게 되면 핵무기와 같은 강점이 되어줄 것이다.

감정리폼은 이것을 위한 강력한 연습 도구다. 매일 5분이면 충분하다.

원하는 현실을 창조해내는 감정리폼의 힘

직장에서 처음 발표할 때 긴장하는 것은 자연스러운 현상이다. 그러나 자연스러운 과정이라고 해서 그대로 두면 안 된다. 뇌하수체에서 분비되는 코티졸 아드레날린이 지적 능력을 급격히 감소시키기 때문이다. 극도로 긴장하면 아무 생각도 나지 않는 이유가 바로 여기에 있다.

감정리폼의 징검다리를 건너면 원하는 메시지를 자신 있게 전달할 수 있다. 패닉에 가까웠던 긴장감이 창조적 긴장감으로 전환되기 때문이다. 징검다리를 건너는 자신을 의식의 브릿지 위에서 지켜보자. 그러면 자신의 평소 모습을 더 잘 관찰할 수 있을 것이다. 진정으로 원하는 것이 무엇인지도 깨닫게 될 것이다.

또한 1~2분이라는 짧은 시간 안에 자신에게 도움이 되는 선택을 해야 한다. 패닉의 순간을 창조적 흥분의 순간으로 바꿔야 한다. 왜냐하면 패닉이든 창조적 흥분이든 상관없이, 그것을 느끼는 순간에 뇌하수체가 그 감정에 맞게 디자인된 호르몬과 화학물질을 분비하기 때문이다. 이것이 인체의 신비이자 기적이다. 그리고 당신의 무의식은 그 감정이 실제 경험을 통해서 나왔는지 아닌지를 구별하지 못한다.

우리의 내면에는 감정을 지성으로 해석하는 능력이 내재되어 있다. 현재의 감정을 표현하는 것에만 집중하면 그 감정을 격앙시키는 결과를 낳는다. 따라서 감정리폼의 테크닉을 통해서 감정을 이성으로 이해하고, 무의식적 생각과 행동의 패턴을 관찰하여 감정이 전달하는 지혜의 메시지를 내 것으로 만들어야 한다.

이와 같이 감정리폼은 포스트코로나 시대의 삶의 질을 높여 줄 셀프 리더십, 셀프 코칭의 탁월한 툴이라고 할 수 있다.

⟨ R.E.F.O.R.M. 사례 C⟩

직장생활 3년차. 회사에 가고 싶지 않다. 아침에 눈을 뜨기가 힘들다. 회사생활에 몰입도 안 되고 지루하고 후회스럽다. 이직을 해야 하나 고민을 하고 있지만 딱히 다른 회사에 가도 나아질 것 같지 않다. 그래서 다른 직장을 알아보는 일에도 무기력하다.

아예 다른 직종을 찾아야 하나 고민해 보지만 취업준비생으로 돌아가기엔 너무 늦은 것 같다. 무엇보다 수입이 없는 상태로 돌아간다는 것이 불안하다. 직장 선배들과의 관계도 쉽지 않다. 의견을 내도 깔아뭉개고, 한심한 눈으로 쳐다보기만 한다.

모르면 물어보라고 하는데 선배들이 너무 바빠서 눈치가 보인다. 고민을 털어 놓을 만한 사람도 없다. 한가해 보이면 자기들이 처리하기 귀찮은 보조업무를 지시한다. 회사에서 의미 있는 역할을 해보고 싶지만 허드렛일만 하고 있다.

잠시라도 방심하면 뒷담화의 대상이 된다. 하루하루가 고역이다. 내일 아침이 오지 않기를 바라기도 한다. 회사 생활이 재미가 없다. 평생 동안 이렇게 살아가야 할까? 생각만 해도 끔찍하다.

SNS를 보면 다른 사람들은 모두 열심히 살아가고 있다. 어린 나이인데 자기 사업을 하는 사람도 많고, 특별한 콘텐츠를 가지고 있는 사람도 많다. 나는 여태 무엇을 하며 산 걸까?

리폼 단계	질문 & 관찰	정리/요약
Recognizing emotion 지금의 감정을 확인하기	현재 무슨 감정이 떠오르는가? 무기력함과 바닥을 치는 자존감, 미래에 대한 불안감으로 화가 치민다.	감정확인: 화(분노)
Empathizing emotion 감정의 느낌을 공감하기	그 감정을 느낄 때 몸의 반응을 20초 (호흡 3번) 관찰한다. 어떠한가? 이런 여러 겹의 감정을 살피는 것이 두렵다. 숨을 쉬기 힘들고 심박이 울린다. 심장이 튕겨져 나오는 듯하다. 몸에 기운이 없다. 에너지가 부족해서 팔다리에 맥이 풀린다.	감정의 에너지를 가슴, 배, 머리 등의 신체 반응과 함께 느낀다
Finding the reason of emotion 감정의 이유를 이해하기	그 감정이 올라온 이유는 무엇인가? 회사에서 의미 있는 역할을 하고 싶다. 하지만 기회가 주어지지 않는다. 회사생활이 신나고 재미있기를 바라는 건 지나친 기대라고 생각하며 자신을 달랜다. 내 의견도 존중되었으면 좋겠다. 그렇지 못하니까 너무 답답하다.	감정이 올라온 이유를 머리로 이해함
Observing the pattern 감정에 반응하는 습관의 작동방식 관찰하기	감정이 일어날 때 따라오는 패턴화된 생각, 행동은 무엇인가? 선배들이 부를까 봐 시선을 피한다. 바쁜 척, 열심히 일하는 척한다. 인터넷 구직사이트를 열심히 뒤진다. 화장실을 자주 간다. 퇴근시간만 기다린다. 나는 그리 잘나지도 똑똑하지도 재능도 없다. 나는 그저 운이 없는 것이다. 어디서부터 시작해야 좋을지 모르겠다.	감정이 주는 불편한 느낌을 빨리 털어내려는 충동적인 혹은 중독적인 행동
Realizing hunger of emotion 감정이 진정으로 원하는 것 알아차리기	진정으로 원하는 것은? 내가 기여할 수 있는 일이 필요하다. 중요한 사람이라고 인정받고 싶다. 삶 속에서 보람을 느끼고 싶다. 내가 꿈꾸어 왔던 일을 통해 성취감을 느낄 수 있다면 얼마나 좋을까? 일방적인 지시가 아닌 소통을 하고 싶다. 잘난 건 없지만 나름대로 노력하면서 살아왔다. 목표를 정하면 시작점도 찾을 수 있을 것 같다.

원하는 것이 이루어진 모습을 상상해보라. 진정으로 원하는 것을 이루어가는 자신은 어떤 모습인가? 시도해 보지도 않았던 일을 꾸준이 시도하며 자신감 있는 모습이다. 운이 없는 건 일시적인 현상일 뿐이다. | 겉으로 드러난 감정 이면에 있는 데칼코마니의 감정이 모습을 드러낸다 |

| Magnetizing reformed emotion & new option 리폼된 감정으로 새로운 대안 끌어당기기 | 그 모습을 상상하면 어떤 새로운 감정이 떠오르는가?
내가 낸 아이디어가 큰 성공과 성과를 거두는 상상을 해본다. 뿌듯하다. 성취감을 느낀다.

리폼된 감정으로 어떤 생각과 행동이 떠오르는가?
내가 기여할 수 있는 일을 찾아보고 싶다.
작은 일이라도 매일 시도하는 것이 중요하다. 성취의 경험을 쌓을 수 있기 때문이다.
선배에게 티타임을 가지자고 요청해보자. 생각해보니 눈치만 보고 실제 미팅을 하자고 요청해 본적은 거의 없었다.

아이디어 수첩 만들기: 내가 낸 아이디어를 수집하는 저장소를 만들자. 작은 아이디어라도 수첩에 적은 다음에 발전시켜 나가자. | 데칼코마니의 감정에 라벨링을 한다면?

데칼코마니의 감정 안에 있는 지혜를 끌어올림 |

〈 R.E.F.O.R.M. 사례 D〉

모 중견기업의 K부장은 평소에 야근은 물론이고 주말출근까지 마다하지 않았다. 자신의 모든 것을 쏟아부었다. 하지만 직장 내 커뮤니케이션은 갈수록 힘들어지기만 한다. 특히 신세대 팀장들에게는 내 말이 전혀 먹히지 않는다. MZ 세대, VUCA시대, 포스트코로나, 언택트 등의 낯선 표현들이 쏟아지는 시대라서 그런 걸까? 부서 이기주의를 탈피하려고 애써봐도 자신들이 조금이라도 손해를 보는 협업은 무조건 거부한다. 오랜 직장생활이 편안해지기는커녕 가시방석이 되어가고 있다.

내가 가장 잘하는 것은 무엇일까? 오랜 직장생활에서 나는 어떤 역량을 키웠나? 재취업이 가능할까? 이 나이에 다른 회사에서 나를 받아 줄리 없다. 다른 회사를 간다고 하더라도 지금과 같은 일이 일어나지 않으리라는 법도 없다.

그저 열심히 하기만 하면 마음 편히 먹고 살 수 있는 일은 없을까? 다급하고 복잡한 마음에 가맹점이나 단순노동까지 생각해본다. 하지만 이 나이에 그런 일이 쉬울 리 없지 않은가? 생각할수록 머리가 아프다.

리폼 단계	관찰과 질문	정리/ 요약
Recognizing emotion 지금의 감정을 확인하기	현재 무슨 감정이 떠오르는가? 정말 많은 일을 하고 있다고 생각했다. 그러나 막상 이력서를 쓰려고 하니까 회사의 업무를 나의 일반적 능력으로 표현할 수가 없었다. 지금까지 나는 무엇을 하고 있었나? 부서들이 갈등을 일으킨다. 내가 원하는 상태와 일치하지 않는다. 이게 아닌데 라는 생각으로 가득하지만 대안이 없다. 이런 식이면 얼마 못 가서 퇴출 대상이 될 것이다. 길을 잃은 것만 같다.	감정확인: 무능감 무상함
Empathizing emotion 감정의 느낌을 공감하기	그 감정을 느낄 때의 몸의 반응을 20초 관찰해보자. 몸의 반응은 어떤가? 가슴이 답답하고 머리가 무겁고 멍해진다. 발이 땅에 붙어있지 않은 느낌이다. 소화가 잘 되지 않아서 더부룩하다. 뭔가가 목에 걸려 있는 느낌이 들기도 한다. 내 몸이 도로라면 나는 지금 교통체증을 겪고 있다. 꽉 막힌 느낌이다.	신체의 반응으로 느껴보라. 신체 반응으로 나타나는 감정 에너지와 함께 하라.
Finding the reason of emotion 감정의 이유를 이해하기	그 감정이 올라온 이유는 무엇인가? 열심히 일한 대가나 결과가 없다는 생각이 든다. 그동안은 나의 가치인 성실함과 책임감에 자부심을 가지고 회사를 다녔다. 하지만 변화하는 시대에 걸맞는 역량이 부족하다는 생각 때문에 주변의 눈치를 살피게 되었다.	감정에 대한이유를 머리로 이해
Observing the pattern 감정에 반응하는 습관의 작동방식 관찰하기	그 감정이 올라올 때 패턴된 생각과 행동은 무엇인가? 좋은 게 좋은 거지라는 생각으로 불편함을 달랜다. 부서 간의 갈등을 무작정 회피한다. 나이 어린 친구들에게 꼰대라고 불리기 싫어서 웬만한 일은 그냥 웃어넘긴다. 미래를 위해 유튜브나 블로그를 뒤적인다.	감정이 주는 불편함을 빨리 덜어내려고 하는 충동적인 혹은 중독성의 행동

Realizing hunger of emotion 감정이 진정으로 원하는 것 알아차리기	진정으로 원하는 것은? 변화하는 시대에 잘 적응하기, 다음 시대에 맞는 역량 발굴하기, 직원들과 소통하고 협력하는 시스템 만들기. 여러 파트와 팀원들을 잘 조율하고, 모두에게 선한 영향력을 주고 싶다.	겉으로 드러난 감정 이면에 있는 데칼코마니의 갈망 알아차림
	원하는 것이 이루어진 모습을 상상해보라. 진정으로 원하는 것을 이루어가는 자신은 어떤 모습인가? 변화에 잘 적응하고 직원들과 소통이 잘 되는 사람. 주변에 긍정의 에너지를 일으키는 사람이 되어 있다.	
Magnetizing reformed emotion & new option 리폼된 감정으로 새로운 대안 끌 어당기기	그 모습을 상상하면서 어떤 새로운 감정이 떠오르는가? 성실함과 책임감을 느낀다. 사람과 환경을 조율하고자 하는 결의와 보람을 느낀다.	데칼코마니의 감정에 라벨링을 한다면?
	리폼된 감정으로 어떤 생각과 행동이 떠오르는가? 선한 영향력을 발휘할 수 있는 업무에 대한 갈망을 느낀다. 새로운 시대가 요구하는 역량을 갖추는 것이 중요하다는 것을 새삼 깨달았다. 나의 커리어와 포트폴리오를 새롭게 작성하고 싶은 열망이 떠오른다. 지금의 회사에서만 인정받는 커리어나 능력이 아니라, 모든 회사에서 인정받을 수 있는 보편적인 업무 능력을 가지고 싶다.	데칼코마니 감정 안에 있는 지혜를 끌어올림

〈 R.E.F.O.R.M. 사례 E 〉

함께 재미있게 일하는 일터는 없나요? 활력도 없고 파이팅도 없는 조직분위기! 칭찬과 격려는 찾기 힘든 침체된 분위기다. 모두가 상사의 눈밖에만 나지 않으려는 수동적이고 소극적인 자세로 일관한다. 직장생활이 너무 재미없고 답답하다. "이건 아니다! 이건 정말 아니다!"라는 생각이 든다. 후배들을 보면 답답하고 상사를 보면 화가 난다.

지금까지는 어쩔 수 없다고 생각했다. 하지만 "아니야! 우리 팀을 재미있게 일하는 일터로 만들고 싶어!"라는 열망 같은 것이 생겨났다. 그래서 평소에 실수가 잦은 후배에게 가르침과 도움을 주려고 했다. 그러나 상사의 불신에 찬 표정을 보자 마음이 꺾이는 것을 느꼈다. 조직에 헌신하려는 노력에 대한 인정과 지지가 없다는 걸 새삼스레 느꼈기 때문이다.

리폼 단계	관찰	정리/ 요약
Recognizing emotion 지금의 감정을 확인하기	현재 무슨 감정이 떠오르는가? 복합적인 감정에 휩싸여 있다. 노력하는 와중에 느껴지는 잦은 좌절감이 무력감으로 이어진다	감정확인: 좌절감 무력감
Empathizing emotion 감정의 느낌을 공감하기	그 감정을 느낄 때의 몸의 반응을 20초 관찰해보자. 몸의 반응은 어떤가? 에너지가 다운되어 심장에서 에너지가 빠져 나가는 느낌이다. 어깨가 축 처진다. 심장이 복잡하게 꼬여있는 실타래로 답답하다	신체반응으로 나타나는 감정 에너지와 함께 있어줌
Finding the reason of emotion 감정의 이유를 이해하기	그 감정이 올라온 이유는 무엇인가? 회사의 문화를 바꾸어 보겠다고 다짐하지만 상사에게 불려가 지적을 받고 나면 "과연 내가 할 수 있을까?"하는 회의감이 든다. 우울한 감정과 활기찬 직장을 만들려는 의지가 충돌한다. 좌절감이 밀려온다.	감정이 올라온 이유를 머리로 이해
Observing the pattern 감정에 반응하는 습관의 작동방식 관찰하기	불편한 감정이 올라올 때의 패턴화된 생각과 행동은 무엇인가? 내가 나설 필요가 있을까? 하는 생각이 들어서 열정을 묻어둔다. 한 걸음 뒤로 물러나서 무관심으로 일관했다. 팀원들을 비판하고 상사를 비난했다,	감정이 주는 좌절감을 덜어내기 위해 주로 하는 습관적 관념과 행동

Realizing hunger of emotion 감정이 진정으로 원하는 것 알아차리기	진정으로 원하는 것은? 나의 가치에 대한 갈망을 느낀다. 나는 평화와 조화를 좋아한다. 그래서 서로 이해하는 즐거운 일터를 꿈꿔 왔다. 내가 원하는 것은 평화로운 에너지다. 원하는 것이 이루어진 모습을 상상해보라. 진정으로 원하는 것을 이루어가는 자신은 어떤 모습인가? 내가 바라는 팀장의 모습은 협업을 만들어내는 편안한 촉진자이다.	겉으로 드러난 감정 이면에 있는 데칼코마니의 갈망을 가슴으로 알아차림
Magnetizing reformed emotion & new option 리폼된 감정으로 새로운 대안 끌어당기기	그 모습을 상상하면서 어떤 새로운 감정이 떠오르는가? 내가 중시하는 가치를 실현하는 자랑스런 자신을 보면서 뿌듯함을 느낀다 리폼된 감정으로 어떤 생각과 행동이 떠오르는가? 새로운 방식으로 사고하는 자신을 느낀다. 업무가 지연되고 있으면 적극적으로 돕는다. 가장 오래 일한 선배로서 일의 요령이나 순서를 하나하나 알려줄 수 있다. 긍정적인 시각으로 나에 대해 성찰한다.	리폼된 감정의 이름은? 30초간 가슴으로 알아차린 데칼코마니의 감정 안에 있는 지혜를 느껴봄

승진과 포상 같은 물리적인 보상을 원해서가 아니라 자신이 중시하는 가치를 실현한다는 목적을 가져야 한다. 직장에서 즐겁고 신나게 일하면서 느끼는 성취감은 업무 중에 발생하는 부정적인 감정들을 상쇄시킬 수 있기 때문이다.

뇌과학에 따르면 성취감을 느낄 때 가슴(Heart)에서 강한 에너지와 주파수가 방출된다고 한다. 이때 발생되는 전자기장은 평상시에 방출되는 전자기장보다 수천 배나 강렬하다. 자신이 하는 일의 의미와 이유를 이해하고 꾸준히 실행해 나가자. 그러면 직장과 팀에 새로운 문화가 형성되기 시작할 것이다.

탁월한 운동선수, 조직의 탁월한 구성원과 CEO, 아이를 잘 키우는 훌륭한 엄마 등의 고성과자들은 자신이 원하는 것을 분명히 인식한 다음에 일한다고 한다. 자신이 원하는 가치를 창출하기 위해서 감정을 경영할 줄 안다. 상황에 맞는 정신적, 감정적, 신체적 에너지를 의도적으로 창출할 수 있다.

의도와 목적은 강점 못지 않게 중요하다. 왜 그것을 하려고 하는지, 그 의도를 분명히 이해해야 나의 재능을 활용할 기회가 많아진다. 의도에 맞는 결과를 얻으면 기쁘다. 그 기쁨이 재능을 강점으로 발전시켜 준다.

어떤 일의 의미에 대하여 생각하는 법을 아는 사람은 강점과 약점이라는 이분법적 사고에서 벗어날 수 있다. 자신이 원하는 가치를 만들어 내려는 의도와 목적, 분별력을 가지고 하루를 감사하며 살아가야 한다. 그러면 내 몸의 에너지를 고갈시키지 않을 수 있다.

이제 독자 여러분이 실습할 차례다. 일상의 번잡함을 잠시 멈춘 뒤, 심호흡을 하면서 자신의 감정에 주목해보자. 감정리폼 과정에 따라 의식의 브릿지(Lucid Bridge) 위에 서자. 그리고 징검다리를 건너는 자신을 차분히 바라보자.

〈 R.E.F.O.R.M. 연습 〉

리폼 단계	질문 & 관찰	정리/요약
Recognizing emotion 지금의 감정을 확인하기		
Empathizing emotion 감정의 느낌을 공감하기		

Finding the reason of emotion 감정의 이유를 공감하기		
Observing the pattern 감정에 반응하는 습관의 작동방식 관찰하기		
Realizing hunger of emotion 감정이 진정으로 원하는 것 알아차리기		
Magnetizing reformed emotion & new option 리폼된 감정으로 새로운 대안 끌어당기기		

관계를
위한
감정리폼

인간은 관계를 맺지 않고 살 수 없다. 태어나는 즉시 부모-자식의 관계가 시작된다. 가족 관계는 혈연으로 맺어진 관계인 만큼 가장 밀접하다. 가족관계가 원만한가 그렇지 않은가에 따라 우리의 인생이 달라진다. 풍성한 삶을 살아갈 수도 결핍의 삶을 살아갈 수도 있는 것이다.

앞서 부부 사이의 언쟁이 일어날 때 에너지를 측정한 결과를 알아보자. 남편의 몸에 심장박동 측정기를 부착하여 측정한 결과, 부인과 말다툼을 시작한 뒤에 남성의 심장박동이 140BPM까지 치솟은 뒤, 말다툼

이후 15분 동안 그 속도가 유지되고, 4시간이 지나서야 말다툼이전의 상태가 되었다고 한다. 이것은 관계에서 야기되는 감정의 드라마가 인체에 얼마나 큰 영향을 미치는지를 보여준다.

이와 같이 인간관계에서 야기되는 감정의 과잉반응은 불필요하게 에너지를 소비시키고, 신체에 매우 해로운 영향을 미친다.

또 다른 사례를 살펴보자. 유산을 놓고 형제 간의 다툼이 있었다. 아버지의 유언에 따라 장남만이 유산을 독식했다. 결국 나머지 형제들과 원수가 되었다. 유산을 상속받지 못한 C씨는 살아 계신 어머님의 간곡한 부탁 때문에 화해하려고 하지만 생각하면 할 수록 화가 치민다. 왜 용서해야 하는지 이해할 수 없다.

이러한 상황에서는 감정리폼을 통해서 상대를 용서하고 받아들이기 어렵다. 감정리폼은 희생을 강요하거나 억지로 긍정적이 되라고 강요하는 프로세스가 아니기 때문이다. 부정적인 생각을 버리려고 노력하는 순간, 우리의 뇌는 그 부정적인 생각에 더욱 집중하게 되어 있다.

도저히 용서할 수 없는 상대에 대한 집중에서 자신의 감정에 집중해보자. 그리고 관계의 징검다리를 건너가보자. 당신의 내면 깊은 곳에 있는 존재가 의식의 브릿지 위에서 지켜보고 있다고 상상해보자. 그렇게 자신과 감정을 분리하여 관찰하면 분노의 감정이 상당부분 이완될 것이다.

이것은 유산을 독식해버린 형제를 용서하고 사랑한다는 거창한 관점이 아니다. 내 몸속에서 발생하는 유해한 생리현상을 수수방관하지 않겠다는 의지, 그리고 그 의지에 따른 선택이다. 자신의 안녕을 위한 위대한 선택인 것이다. 내가 나를 지옥에서 꺼내줘야 한다. 몸이 나빠지는 것을 그저 두고보기만 할 것인가? 감정이 나쁜 호르몬을 분비시켜서 내 몸을 해치는 것을 방관할 것인가? 모든 것은 우리 자신에게 달려 있다.

감정리폼은 생각과 감정을 리폼하는 것이지, 주변 환경을 리폼하는 것이 아니다. 주의할 점은 원하지 않는 일에 마음이 머물지 않도록 자신을 살펴야 한다는 것이다. 원하지 않는 일에 마음이 머물면 삶의 에너지가 원하지 않는 쪽으로 유출되고 고갈된다. 무의식적으로든 의식적으로든 상관없이, 몸과 마음이 집중하는 바로 그곳에 에너지가 사용된다. 이때 잘못된 곳에 에너지가 흘러가면, 자신이 진정으로 원하는 곳에 보낼 에너지가 고갈된다는 사실을 잊지 말아야 한다.

〈 R.E.F.O.R.M. 사례 F 〉

퇴근하고 돌아와서 정리가 안 된 집을 보면 한심하고 우울하다. 집에 있는 게 오히려 스트레스다. 항상 어지르기만 하는 아이들, 어디 하나 정리된 곳 없는 주방, 집에 돌아오면 손댈 곳이 한 두 군데가 아니다. 차라리 야근 때문에 퇴근이 늦어지면 안 보고 자면 그만인데….

사례	관찰	정리
Recognizing emotion 지금의 감정을 확인하기	현재 무슨 감정이 떠오르는가? 회사에서 일찍 퇴근해서 집으로 가는 발걸음이 무겁다. 현관문을 열고 들어서면 쉴 수 있다는 기대가 사라진다. 발디딜 틈 없는 거실을 보니, 회사에서 야근을 하고 오는 것이 더 좋았을 걸 하는 후회가 밀려온다. 아내에 대한 실망과 야속함이 원망으로 번지고 있다.	감정확인: 피곤함 실망 야속함 원망

Empathizing emotion 감정의 느낌을 공감하기	그 감정을 느낄 때의 몸의 반응을 10초 이상 관찰해보자. 심장에 집중하여 크게 심호흡하면서 몸의 반응을 살펴본다. 가슴이 꽉 막힌 것 같다. 머리에 열이 느껴진다	신체의 현상으로 나타나는 감정의 에너지와 함께 있어줌
Finding the reason of emotion 감정의 이유를 이해하기	그 감정이 올라온 이유는 무엇인가? 나는 정리정돈을 중요시한다. 하지만 집에 가면 모든 것이 엉망진창이라서 숨이 가빠진다. 정리된 환경은 나의 기분을 안정시켜주는 첫 번째 조건이다. 그래서 지저분한 환경에서는 안정이 되지 않고 분노가 치밀어 오른다.	감정의 이유를 머리로 이해함
Observing the pattern 감정에 반응하는 습관의 작동방식 관찰하기	그 감정이 올라올 때 패턴화된 생각과 행동은 무엇인가? 차라리 늦게 퇴근할 명분을 찾는다. 긴 한숨을 쉰다. 인생은 기대를 하지 말아야 한다고 생각한다.	감정이 주는 불편함을 덜어내기 위한 습관적인 행동과 생각
Realizing hunger of emotion 감정이 진정으로 원하는 것 알아차리기	진정으로 원하는 것은? 나는 주변이 정돈되어 있을 때 내가 제일 행복하다. 왜냐하면 나에게 평안과 기쁨을 주기 때문이다. 그러나 아내의 관점에서 이해해 보았다. 아내도 퇴근 후에 아이들의 학업에 신경을 써야 하는구나. 아이들은 집안을 정리하는 것보다는 퇴근하고 돌아온 부모와 정을 나누고 싶어하는구나. 우리의 생각은 우리 자신에게만 진실이다. 모두에게 진실인 것은 아니다. 원하는 것이 이루어진 모습을 상상해보라. 진정으로 원하는 것을 이루어가는 자신과 가족은 어떤 모습인가? 가족들의 생각과 가치는 서로 다를 수 있다. 따라서 다름을 인식하고 표현하는 것이 중요하다. 서로의 다름을 알아주고 인정해주면 편안한 가족이 될 수 있다.	겉으로 드러난 감정 이면에 있는 데칼코마니의 갈망을 가슴으로 이해

| Magnetizing reformed emotion & new option 리폼된 감정으로 새로운 대안 끌어당기기 | 그 모습을 상상하면 어떤 새로운 감정이 떠오르는가? 평안한 감정이 떠오른다.

리폼된 감정으로 어떤 생각과 행동이 떠오르는가? 가족들의 서로 다른 가치를 인정해주는 나의 모습에 만족한다. 가족의 행복을 위해서 각자가 할 수 있는 일들을 표로 작성한다. | 데칼코마니의 감정에 라벨링은 한다면?

데칼코마니의 감정 안에 있는 지혜를 끌어올림 |

〈 R.E.F.O.R.M. 사례 G〉

A와 나는 둘도 없는 친구 사이이다. 고등학교 시절부터 모든 것을 터놓고 지냈기 때문에 서로에 대해 모르는 게 거의 없다. 하지만 결혼 이후에 달라진 환경 탓인지, 서로 대화하는 방향이 많이 달라진 것 같다. 둘 다 너무 바빠서 그런 거라고 생각했다. 친구의 안부가 걱정되었다.

그런데 얼마 전에 우연히 만난 친구에게서 당황스러운 이야기를 들었다. A가 나의 비밀과 속사정을 다른 친구들에게 말하고 다녔던 것이다. 나는 큰 충격을 받았다. 제일 친하다고 믿어왔던 친구가 내 뒤에서 나의 험담을 하고 있었다니…

사례	관찰	정리
Recognizing emotion 지금의 감정을 확인하기	현재 무슨 감정이 떠오르는가? 믿었던 사람에 대한 배신감을 느낀다. 절친이라고 믿었던 사람을 제대로 파악하지 못한 나 자신이 한심하다. 내가 속마음을 털어놓을 때마다 속으로는 나를 조롱했겠구나 하는 생각이 든다. 그 친구에 대한 분노가 스스로에 대한 자책과 자괴감으로 이어진다.	감정확인: 배신감 분노 한심함 자책

Empathizing emotion 감정의 느낌을 공감하기	그 감정을 느낄 때의 몸의 반응을 20초 관찰해보자. 몸의 반응은 어떤가? 섭섭함으로 가슴이 끓어올랐다. 심장이 콩닥거리다가 쿵쿵거리기 시작한다. 심장박동이 매우 빨라진다. 머리에서 뜨겁고 기분 나쁜 열기가 느껴진다.	감정에너지가 신체의 반응으로 올라오는 순간을 온전히 함께 있어준다.
Finding the reason of emotion 감정의 이유를 이해하기	그 감정이 올라온 이유는 무엇인가? 그 친구에게 대체 무엇을 바랐던 것일까? 나의 모든 것을 이해하는 사람, 어떠한 경우에도 내 편이 되어주는 사람이 필요했던 걸까? 그 친구의 사과를 받고 싶다.	감정이 올라온 이유를 머리로 이해
Observing the pattern 감정에 반응하는 습관의 작동방식 관찰하기	그 감정이 올라올 때 패턴화된 생각과 행동은 무엇인가? 믿었던 사람에게 배신당했다는 생각에 마음의 문을 닫아버린다. 카톡 친구를 차단하거나 대화를 중단한다. 사람을 신뢰하기 어렵다. 다가오는 사람이 있어도 의심부터 하고 본다. 상대에 대한 증오, 상황에 대한 난감함에 빠져 상대방을 격렬하게 비난한다.	감정에 대한 습관적 반응은 주로 고착된 신념으로부터 기인한다.
Realizing hunger of emotion 감정이 진정으로 원하는 것 알아차리기	진정으로 원하는 것은? 복잡한 관계를 정리하고 싶다. 오해가 있었다면 풀고 싶다. 사람을 만날 때 의심으로 대하고 싶지 않다. 원하는 것이 이루어진 모습을 상상해보라. 진정으로 원하는 것을 이루어가는 자신은 어떤 모습인가? 진실된 관계를 맺는 내 모습을 상상한다. 관계를 심플하게 맺고 싶다. 그 친구와 화해하고 편안한 마음으로 돌아가고 싶다.	겉으로 드러난 감정 이면에 있는 데칼코마니의 갈망을 가슴으로 느껴봄

Magnetizing reformed emotion & new option 리폼된 감정으로 새로운 대안 끌어당기기	그 모습을 상상하면 어떤 새로운 감정이 떠오르는가? 위로받은 느낌, 편안함 리폼된 감정으로 어떤 생각과 행동이 떠오르는가? 갈등을 끝내고 편안해진 나의 모습이 떠오른다. 속마음을 터놓기 위해서는 용기가 필요하다. 새로운 소통 방법에 대해 생각해본다. 자연스럽게 먼저 카톡으로 안부한다.	데칼코마니의 감정에 라벨링을 하라. 데칼코마니의 감정 안에 있는 지혜를 끌어올림

화를 눌러 참는 사람이 화를 내고 있는지도 모르는 사람보다 낫다. 다만 무조건 꾹꾹 참고 덮어버리면 안 된다. 불편한 감정을 부정적으로 해석하고 덮어버려서도 안 된다. 그것이 반복되면 가슴에 철갑을 두른 것처럼 어떤 감정도 느낄 수 없게 되기 때문이다. 긍정적 감정조차도 말이다. '감정의 뇌사 상태'가 되는 셈이다.

자신이 지금 하는 일이나 행동을 통해서 자신이 중시하는 가치를 실현할 수 있어야 한다. 그래야만 좋은 감정, 긍정적인 감정을 느낄 수 있기 때문이다. 반대로 자신이 중요하다고 여기는 가치와 멀어질수록 불편함과 두려운 감정을 느끼게 된다. 불편한 감정은 무의식이 의식에 보내는 경고다. 진정으로 원하는 가치를 향해 가라고, 방향을 틀어야 한다고 경고하는 것이다.

이와 같이 부정적인 감정은 내면의 GPS라고 할 수 있다. 나는 이것을 내면에 장착된 첨단 테크놀로지라고 부르고 싶다. "당신은 자신이 중요하게 생각하는 소중한 것들과 멀어지고 있어요. 유턴하거나 방향을 돌리십시오." 따라서 내가 유독 참지 못하는 상황이 무엇인지 생각해보자. 그러면 내가 진정으로 중요하게 여기는 것이 무엇인지, 그리고 그 데칼코마니를 알 수 있다.

문제를 해결하기 위해서는 이러한 중요한 것에 집중해야 한다. 문제 자체에 집중하지 말고 목적과 의도에 집중해야 한다. 그래야 나와 내 주변의 에너지가 '반응적 에너지(REACTIVE ENERGY)'에서 '창의적 에너지(CREATIVE ENERGY)'로 전환되기 때문이다.

끔찍한 마인드를 가진 사람은 끔찍한 관계를 부른다. 내 생각, 내 감정과 유사한 사건, 관계, 행동이 내 삶의 현장에 나타나는 양자역학의 과학이다.

상호관계에서 발생되는 감정의 독성과 해독제

우리는 삶에서 일어나는 대부분의 일을 통제할 수 없다. 삶은 예상할 수 없는 부분들로 가득하다. 이러한 삶을 그대로 방치해 왔는가? 그랬다면 관계에서 빚어지는 감정의 드라마 때문에 부정적인 현상들이 많이 나타났을 것이다. 이런 경우 부인, 기피, 공격, 방어 등의 자기보호기제에만 관심을 갖게 된다.

이 경우 가장 큰 문제는 독성이다. 몸속에 이미 쌓인 코티졸과 수많은 신경전달물질이 우리 몸을 구성하는 60조 개의 세포에 실시간으로 나쁜 영향을 주기 때문이다. 이로 인해 면역체계가 약해지고, 결과적으로 여러 가지 질병이 생겨난다.

모든 갈등은 여러 가지 두려움을 촉발한다. 그 두려움을 느끼는 이유를 이해하고 해결해야 한다. 그렇게 한다면 두려움은 우리가 무엇을 해야 할지를 알려줄 것이다.

관계의 빨간 신호등에 들어간 자신을 인식했다면 그대로 멈춰라! 멈추지 않고 피하겠다고, 막아보겠다고 움직이면 그 여파가 더 커질 것이다. 빨간 신호에 들어간 사람은 직장이나 가정에서 효율적으로 일할 수 있는 능력이 50퍼센트 이하로 떨어져 있다. 이 상태에서 신뢰를 찾으려고 애쓰는 것은 빨간 신호등을 무시하고 계속 주행하는 것과 같다.

그렇다면 무엇을 해야 하는가? 우선 두려움이 어디서부터 왔는지, 왜 왔는지를 이해해야 한다.

예를 들어 이혼한 여성들이 느끼는 문제 중 하나는 전남편이 자신을 대할 때 느꼈던 감정을 떨쳐버리지 못하는 것이다. 아쉬움은 물론이고 한을 품고 있는 경우도 많다. 자신의 이야기를 책으로 쓰면 몇 권은 될 거라고 말하곤 한다. 이것은 아이들이 한손에 무언가를 꼭 잡은 채로 다른 것을 잡으려고 안절부절 못하는 것과 같다. 새것을 잡으려면 옛것을 내려놓아야 하는데 이걸 못 하는 것이다.

다른 사람들에게는 다 내려놓고 정리했다고 말하지만, 실제로는 과거의 기억에 매달려 있는 셈이다. 내가 왜 좋은 남편을 만나지 못했을까? 왜 저런 인간을 만났을까? 이런저런 생각과 감정이 당신이 바라는 곳으로 갈 수 없게 만든다. 새로운 무언가를 잡고 싶다면 손에 쥐고 있는 것을 내려놓아야 한다. 과거에서 벗어나고 싶다면 과거의 기억을 내려놓아야 하는 것이다.

수많은 생각과 감정들이 머릿속에서 오간다. 결국 내 일방적인 말과 행동이 상대방에게 쏟아진다. "이젠 더 참을 수 없어!", "네가 어떻게 이럴 수 있어?", "당신이 하는 일은 도움이 안 돼!", "왜 이것밖에 할 수 없다고 생각하는 거야?"

우리의 뇌는 두려움을 불편함으로 해석할 수도 있고 불확실함으로 해석할 수도 있다. 두려움이 불편함과 갈등으로 해석되는 순간, 뇌하수체는 바로 뇌의 화학적 반응을 바꾼다. 코티졸을 비롯한 다양한 화학적 성분을 분비하는 것이다. 그러면 신체의 모든 세포가 그에 맞게 변화한다. 더 나아가서 생각과 행동도 그렇게 바뀐다.

신경전달물질이 신체와 정신에 미치는 악영향은 무서울 정도다. 말 그대로 우리의 몸에 쌓이는 독약이라고 할 수 있다. 이 악순환의 고리를 끊어낼 수 있는 것은 스스로의 인식과 그 인식을 통한 선택뿐이다. 이것은 오직 감정을 통해서만 가능하다.

감정리폼을 통한 관계의 해독과정

외부환경과 조건으로부터 야기되는 불편한 감정을 알아차린다.

내 몸이 그 감정에 어떻게 반응하는지 느낀다.

내 몸이 위협과 갈등의 시그널을 어떻게 느끼는지 집중한다.

자신을 의식한다. 감정이 온 이유를 이해한다.

자신의 반응을 보호와 방어를 위한 정상적 과정으로 받아들인다.

관계에서 야기되는 현상을 위협으로 받아들이는지 체크해본다.

자신이 어떻게 반응하는지 인식하고 그에 따른 영향을 살핀다.

이 순간에 다른 선택을 할 수 있는지 관찰한다.

진정으로 원하는 것이 무엇인지 주목한다.

감정이 가지고 온 메시지에서 지혜를 찾는다.

진정으로 원하는 것에서 대안을 찾아본다.

성공적인
비즈니스를 위한
감정리폼

내면의 보물창고

세상에는 두 종류의 사람이 있다. 그것은 부자와 가난한 자다. 사람들이 만약 자신의 정체성을 돈으로만 생각하고, 세상과 주변 사람과의 관계를 돈으로만 환산한다면 어떻게 될까?

부자와 빈자 모두 불행해지겠지만, 대개의 경우 가난한 사람이 부유한 사람보다 더 불행해질 것이다. 돈은 생존에 필수적이기 때문이다. 여유 있는 삶을 영위하기 위해서, 그리고 삶을 유지하고 관리하기 위해서도 꼭 필요하다. 기대수명이 점점 늘어가는 현재, 노후를 안전하고 안락하게 보내기 위해서는 예전보다 훨씬 더 많은 돈이 필요하게 되었다.

가난에는 미덕이 없다

돈은 우리의 삶을 비참하게 만드는 주요 요인이다. 정신질환의 90%가 결핍에서 온다. 자신이 원하는 것이 우연히 주어지는 일은 없다. 이 세상은 법칙과 질서의 세계다. 가난하고 궁핍한 삶에서 벗어나고 싶다면 질서를 이해하고 방법을 동원해야 한다.

그 중에 하나가 바로 기도다. 기도란 이루고 싶은 것을 명확하게 진술하는 것이다. 기도는 영혼의 진지한 소망이다. 무언가를 마음속 깊이 원할 때 기도가 저절로 나오지 않는가? 내가 내 삶에서 바라는 것, 그것이 바로 기도다.

효과적인 기도의 비밀은 원하는 결과를 잠재의식에 스며들게 하는 것이다. 이를 위해서는 세타파 상태에서 원하는 이미지를 시각화하는 것이 효과적이다. (Gragg Braden, 'The power of prayer'.) 잠으로 빠져들기 전과 잠에서 깨어난 직후가 바로 세타 상태(Theta state), 즉 세타파가 가장 강한 상태이다.

이러한 세타 상태에서는 의식이 무의식에 영향을 미칠 수 있다. 그래서 잠에서 깨어나자마자 기도하고, 잠들기 전에 기도하라고 하는 것이다. 저항 없이 무의식으로 전달되기 때문이다. 이때 원하는 것이 이미 이루어진 감정을 느끼며 기도해야 한다. 감사의 마음으로 간구해야 하는 이유가 여기에 있다.

진정으로 감사하는 마음으로 하루 두 번 세타 상태에서 60일을 기도 한다면 원하는 것을 이룰 수 있다. 이것은 내가 실제로 경험한 것이다. 하지만 기도의 과정은 결코 쉽지 않았다. 잠들기 전에 휴대폰으로 뉴스를 보는 습관 때문이었다. 이 습관의 유혹을 뿌리치고 매일 기도하는 것이 쉬울 리 없었다.

고통으로 기도에 집중할 수 없었을 때, 감정리폼이라는 테크닉의 도움으로 문제를 파악하고 해답을 찾아낼 수 있었다. 기도의 공간으로 들어가서 꿈과 감사를 눈과 귀와 가슴에 담고 잠들었다. 그 덕분에 원하는 결과를 얻을 수 있었다. 당신도 할 수 있다.

부의 창출은 나의 신성한 권리다

어떻게 해야 부자의 의식을 창조할 수 있을까?

통장에 백만 원도 없는 사람에게 부자의 상태를 상상하라고 한다면 가능한가? 그것은 과학의 관점에서 볼 때 너무도 무지한 요구이다. 더 나쁜 것은 그러한 요구가 결핍의 악순환을 낳는다는 것이다.

이것을 잘 보여주는 실험이 있다. 연구원이 실험대상자들에게 다음과 같이 말한다. "모두 눈을 감으세요. 지금부터 1분 동안 절대로 핑크색 코끼리를 생각하지 마세요. 다른 것은 모두 생각해도 됩니다. 그러나 핑크 코끼리는 절대 생각하면 안됩니다."

1분 후에 눈을 뜨고 실험대상자들에게 물었다. 핑크 코끼리를 생각하지 않은 사람은 단 한 명도 없었다. 결핍도 마찬가지다. 결핍에 찌든 사람에게 결핍을 생각하지 말고 풍요를 상상하라고 하는 것은, 핑크빛 코끼리를 절대로 상상하지 말라고 하는 것과 똑같다.

뇌과학의 증거는 사이다와 같은 진리를 전하고 있다. 하지만 우리는 그 진리를 접할 기회가 많지 않았다. 뇌에게 결핍을 보지 말라고 하는 순간 결핍의 뉴런들에 불이 켜진다. 결핍의 뉴런이 불을 켜면 풍요의 뉴런으로 이동하기 어려워진다. 이동 과정을 방해하는 화화물질이 분비되고 있기 때문이다. 뇌과학에서는 이러한 화학물질을 인히비터(inhibitor), 즉 방해자라고 부른다. 풍요로 가는 창의적인 생각을 방해하는 화학물질을 방해꾼이라고 부른다는 사실이 흥미롭다.

결핍에서 풍요를 창출할 방법은 무엇일까? 감정리폼 과정에서 GPS와 같은 역할을 하는 감정의 테크놀로지를 활용하면 된다. 결핍과 풍요 사이에 놓인 징검다리를 의식적으로 건널 때, 우리의 부는 그 실체를 삶의 현장에 드러낸다.

풍요를 향해 새출발하기 위해서는 어떻게 해야 할까? 풍요의 감정을 느껴야 한다. 가장 쉬운 것은 자연이 주는 풍요로움을 느끼는 것이다.

창문을 열고 햇살이 쏟아져 내리는 오후의 풍경을 느껴보자. 폭포처럼 쏟아지는 햇살의 따스함을 가슴에 담아보자. 눈을 감아도 눈동자를 유쾌하게 자극하는 햇살로 나의 세포 하나하나를 자극해보자. 60조 개의 세포에 햇살이 쏟아진다고 상상해보자. 가슴 벅차게 차오르는 그 에너지를 세포 하나 하나에 담는다고 상상해보자.

〈 R.E.F.O.R.M. 사례 H 〉

나는 그동안 무엇을 해왔나 하는 소외감이 밀려온다. 자녀 양육비도 문제지만 기나긴 노후를 보낼 자금은 또 어떻게 마련해야 할지 막막하고 불안하다. 돈 문제로 답답함을 느낀다. 내가 어떻게 할 수 없다는 생각이 든다. 벽이 가로막고 있다.

사례	관찰과 질문	정리
Recognizing emotion 지금의 감정을 확인하기	지금 어떤 감정이 떠오르는가? 무능한 내가 부끄럽다. 답답하다. 사방이 막혀있는 우물 속에 앉아 있다. 희망이 느껴지지 않는다. 탈출구가 보이지 않는다. 달리기에서 혼자 뒤쳐진 소외감이 있다.	감정확인: 소외감 무력감 막막함 불안함
Empathizing emotion 감정의 느낌을 공감하기	그 감정을 느낄 때의 몸의 반응을 20초 관찰해보자. 소외감을 느낄 때 몸은 어떻게 반응하는가? 심연에 처박힌 것 같은 느낌. 슬픔이 느껴진다. 눈시울이 뜨거워진다. 삼킬 수 없는 커다란 덩어리가 목젖에 박혀 무거움을 느낀다.	감정을 느낄 때 신체 반응으로 나타나는 에너지와 함께 있어줌
Finding the reason of emotion 감정의 이유를 이해하기	그 감정이 올라온 이유는 무엇인가? 빈궁함과 비참함을 느끼고 싶지 않다. 나는 돈과 친하지 않다. 돈을 모아본 적이 없다. 늘 부족했기 때문에 버는 족족 쓰기 바빴다. 돈을 좇는 것이 옳지 않다고 생각하며 살아온 것 같다. 다른 사람은 쉽게 돈을 버는 것 같다. 금수저들이 특히 그렇다. 빈익빈 부익부. 이런 사회적 구조가 잘못되어도 한참 잘못되었다. 너무 늦은 나이에 돈에 대한 관심을 갖기 시작했다. 사업을 시작할 시기는 지났다.	감정의 이유를 머리로 이해함

Observing the pattern 감정에 반응하는 습관의 작동방식 관찰하기	그 감정이 올라올 때 패턴화된 생각과 행동은 무엇인가? 새로운 것을 탐색하지 않는다. 여전히 같은 자리에서 맴돈다. 돈을 추구하는 것은 옳지 않다는 생각을 즐긴다. 돈만이 모든 것을 해결할 수 있다는 가치를 아이들에게 물려주고 싶지 않다. 내가 할 수 있는 일이 없다고 생각한다. 이런 구조로 돌아가는 세상을 원망한다. 소소한 행복을 주는 작은 소비를 자주 한다.	감정이 주는 불편함을 떨쳐내기 위해서 하는 충동적이고 습관적인 행동과 생각
Realizing hunger of emotion 감정이 진정으로 원하는 것 알아차리기	진정으로 원하는 것은? 나는 풍요로움을 좋아한다. 나누어 줄 때 기쁘다. 인간미가 있고 정이 있는 것이 좋다. 내가 가진 것들을 통해 가치를 창출해서 나누고 싶다. 원하는 것이 이루어진 모습을 상상해보라. 진정으로 원하는 것을 이루어가는 자신은 어떤 모습인가? 재능과 부유함을 주위에 나누어준다. 나눔을 즐긴다. 무언가 할 수 있는 가능성이 느껴지고 흥분된다. 가진 것을 나누고 베푸는 내 모습이 감동적이다.	겉으로 드러난 무력감의 이면에 있는 데칼코마니의 갈망을 가슴으로 알아차림
Magnetizing reformed emotion & new option 리폼된 감정으로 새로운 대안 끌어당기기	그 모습을 상상하면서 어떤 새로운 감정이 떠오르는가? 연대감이 느껴진다. 주변 사람들과 함께 풍요를 누리는 것이 기쁘다. 리폼된 감정에서 새롭게 떠오르는 생각과 행동은? 지금 이곳에서 연대감을 느낄 수 있는 활동을 찾아본다. 퇴근 이후에 사람들과 소통할 수 있는 방법을 찾아본다. 주변 사람들을 만나고 어울릴 수 있는 방법을 찾아본다. 우선 가 좋아하는 가치와 재능을 나눌 방법이 떠오른다.	데칼코마니의 감정에 라벨을 붙인다면? 데칼코마니의 감정에서 떠오르는 로운 대안은? 내면에 있는 지혜를 끌어올리자

　　지금 당신의 생각과 감정에서 방출되는 주파수가 우주의 원리인 풍요와 사랑의 주파수에 붙는 자성을 가졌다면, 그 생각과 감정에서 방출하는 에너지는 당신을 원하는 곳으로 안내해줄 것이다. 그와 반대로 우주의 풍요와 사랑의 에너지를 밀어내는 자성을 가졌다면 당신이 원하는

곳으로는 영원히 갈 수 없을 것이다.

'실패하면 누가 책임진대?', '쌈짓돈까지 잃게 되면?', '다른 사람들이 비웃을 거야' 등의 무의식적 습관적 언행에 젖어있는 사람은 앞으로 나가는 것을 두려워한다. 그리고 두려움과 결핍, 의심을 품은 채로 현실에 머물게 된다.

해결책은 파워엔진을 잠시 멈추고 의식의 빛을 비추는 것이다. 자신이 원하는 것과 같은 방향에 있는 에너지인지 확인해야 한다. 그리고 힘을 활용하는 방법을 배워야 한다. 그것을 배워서 연습하면 우리의 뇌는 즉시 부를 끌어들이기 시작한다. 그러므로 그 습관의 엔진을 어떻게 사용할지를 배우고 익혀야 한다. 그러면 삶의 모든 영역에 그 힘을 적용할 수 있다.

감정리폼의 간단한 기법과 절차를 연습하면 당신에게 필요한 지식과 스킬을 습득할 수 있다. 리폼을 통해 발견한 새로운 빛에서 영감을 얻고, 새로운 힘을 활용해서 진정한 갈망을 깨닫고 꿈을 실현하게 될 것이다.

잠시만 멈추고 리폼하라. 그리하면 풍요롭고 건강하며 성공적인 삶을 누리게 될 것이다.

⟨ R.E.F.O.R.M. 사례 I ⟩

A는 어느 정도 부를 창출했지만 행복하지 않다. 프랜차이즈 레스토랑이 입점한 역세권 빌딩의 건물주인데도 그렇다.

코로나를 이유로 임대료를 삭감해 달라고 조르는 임차인들이 야속하고, 월세를 못 내는 것을 당연시하는 임차인들 때문에 속이 끓는다. 그들의 뻔뻔한 태도에 화가 난다. 소위 '착한 임대인 운동'에 동참하지 않으면 스크루지 영감으로 몰아가는 사회 분위기도 부담스럽다.

사례	관찰	정리
Recognizing emotion 지금의 감정을 확인하기	현재 어떤 감정이 떠오르는가? 임대료를 삭감해 달라는 임차인의 요구가 무책임해 보인다. 그렇게 하지 않으면 뻔뻔한 건물주로 몰아세우는 사회적 분위기에 화가 난다. 나도 열심히 일해서 겨우 꿈을 이루어 가는 중인데, 임차인의 책임을 임대인에게 전가시키는 분위기가 부담스럽다.	감정확인; 분노
Empathizing emotion 감정의 느낌을 공감하기	그 감정을 느낄 때의 몸의 반응을 20초 관찰해보자. 몸의 반응은 어떤가? 화가 나고 부담스럽다. 가슴이 조여들고 답답하다. 심장이 터질 것 같다. 숨이 가빠진다. 얼굴에 열기가 차오른다. 어깨의 근육이 수축되고 온몸이 뻣뻣해지는 느낌이다.	화의 감정에 신체가 어떻게 반응하는지 살피며 온전히 함께 한다.
Finding the reason of emotion 감정의 이유를 이해하기	그 감정이 올라온 이유는 무엇인가? 나는 애초에 넉넉한 자본을 가지고 있지 못했다. 그래서 이런 상황이 더욱 답답하다. 상가를 매입하느라 대출을 받아야 했기 때문이다. 그런데도 임차인들은 자신들을 배려해 달라고만 한다. 나의 고통은 무시당하고 있다. 나는 어디에서도 이해받지 못한다. 건물을 가진 사람은 무조건 배려해야 한다는 사회적 분위기가 부당하다고 느껴진다. 나도 피해자인데… 당신들이 벌인 일을 왜 내가 책임져야 하나?	감정의 이유에 대한 인지적 이해
Observing the pattern 감정에 반응하는 습관의 작동방식 관찰하기	그 감정이 올라올 때 패턴화된 생각과 행동은 무엇인가? 늘 상황을 빠르게 판단한다. 새로운 생각을 열어놓지 않는다. 목표를 향해 열심히 달려간다. 목표와 무관한 것은 신경쓰지 않는다. 일상을 열심히 살아가지만 이건 아닌 것 같다는 생각에 괴롭다.	감정에 반응하는 습관적 행동과 사고방식

Realizing hunger of emotion 감정이 진정으로 원하는 것 알아 차리기	진정으로 원하는 것은? 내가 원하는 것은 꿈을 이루는 것이다. 나의 능력을 발휘해서 부를 창출하고 싶다. 원하는 것이 이루어진 모습을 상상해보라. 진정으로 원하는 것을 이루어가는 자신은 어떤 모습인가? 포기하지 않고, 주변의 시선에 좌우되지 않고, 한 발 한 발 목표를 향해 나아가서 목표를 성취하고 싶다. 주변 사람들에게 존경받는 사람이 되고 싶다. 그런 나의 모습이 자랑스럽다.	겉으로 드러난 감정 이면에 있는 데칼코마니의 갈망을 가슴으로 느낌
Magnetizing reformed emotion & new option 리폼된 감정으로 새로운 대안 끌어당기기	그 모습을 상상하면 어떤 새로운 감정이 떠오르는가? 나는 최선을 다해 살아 왔고 지금도 그렇게 살고 있다. 최선을 다한 부분만큼은 존경받는 사람으로 삶의 충만을 느낄 수 있다. 리폼된 감정으로 새롭게 떠오르는 생각과 감정은? 내가 돈을 버는 방식과 내가 진짜 원하는 것들이 충돌하지 않게 할 것이다. 자랑스런 진짜 내 모습을 격려하며 행진해 나갈 것이다.	데칼코마니의 감정의 이름은? 데칼코마니의 감정 안에 있는 지혜를 끌어올림

임차인들에 대한 분노와 섭섭함이 리폼되었다. 존경받는 자신의 모습을 그려봄으로써 억울함이 감동으로 치환된 것이다. 또한 자신이 진정으로 원하는 가치와 돈을 창출하는 방식이 모순되어선 안 된다는 생각을 하게 되었다.

자신의 깊은 내면에 깃들어 있는 빛과 사랑을 발견하는 것은 우리 모두의 신성한 권리이다. 이 권리를 찾기 위해서는 외부의 자극에 자동으로 반응하는 생각과 감정과 에너지를 일단 멈추고, 내면에 숨은 지혜의 관점으로부터 발현된 생각과 감정을 찾아내서 드러내야 한다.

그리고 나서 감정리폼의 징검다리를 건너는 자신을 맞이하라. 험한 바다를 비추는 등대의 빛처럼, 의식의 브릿지에 서서 당신의 에고를 보살펴라. 당신은 이제 혼자가 아니다. 당신의 내면 깊이 존재하는 위대한 협력자가 당신을 기다리고 있다.

어떤 문제라도 해결할 수 있는 창의적인 아이디어는 그 징검다리를 조심스럽게 건넌 후에 떠오를 것이다. 그 아이디어는 새로운 솔루션이 될 것이다. 이러한 위대한 선택을 연습해야 한다. 연습과 훈련을 통해 루틴과 습관으로 내재화시켜라. 혼자서 그렇게 하기 힘들다면 다른 사람들과 함께 서로 독려해가면서 나아갈 수 있다.

그러면 당신도 에너지 발전소를 소유한 풍요의 주인이 될 수 있다. 이러한 사실을 아는 것과 삶의 에너지원으로 사용하는 것은 별개의 이야기다. 새로운 의식을 무의식적인 패턴으로 정착시켜야 한다. 이를 위해 매일 5분만 투자해보자. 그러면 당신의 현실에 혁명이 일어날 것이다.

풍성한 삶의 길로 손을 잡고 걸어가자

지금 이 순간부터 감정리폼의 과학적 프로세스를 시작하라. 변화심리학의 거장인 토니 로빈스(Anthony Robbins)는 "집중하는 곳에 에너지가 흐른다.(Where focus goes, energy flows.)"라고 말했다. 감정리폼은 당신의 에너지가 새어나가지 않게 해줄 최고의 테크닉이다.

이를 위해서는 감정을 이용해야 한다. 감정은 몸의 언어다. 이 언어로 무의식의 패턴을 해석하고, 멈추라고 명령하고, 원하는 의식을 잠재의식에 심어 넣어야 한다. 이를 위해서는 우선 감정리폼의 과학을 배우고 훈련해야 한다.

매일 5분씩 투자해서 내면의 자신을 만나는 반복적인 연습을 통해서 감정의 베이스라인을 올려야 한다. 그래야만 격렬한 감정을 잠재우고 컨트롤하며, 그 감정이 주는 지혜의 메시지까지 받을 수 있기 때문이다. 이러한 목적을 가지고 올바른 선택을 이어나간다면, 누구나 풍성한 삶 앞에 놓인 장애를 담대하게 지나갈 수 있는 것이다.

무의식의 패턴을 멈추고 감정이 주는 메시지를 알아차려야 한다. 그래 야만 지혜가 전달하는 메시지를 받게 된다. 지식은 배워서 아는 것이지 만, 지혜를 만나면 문제를 명료하게 알고 해결하는 속도가 매우 빠르다.

나는 여러분과 함께 이러한 종류의 성장을 이루어가고 싶다. 이 신나 는 연습을 함께할 그룹을 만들고, 그 그룹에 참여하는 사람들 모두가 자 신의 에너지 발전소를 소유한 웰비잉을 실천해 갈 수 있도록 서로 격려 하여 이 긍정의 에너지가 우리 사회를 견인해 가기를 기대한다.

여섯 가지
대표 감정
리폼하기

    과거의 경험은 기억으로 남는다. 경험의 부산물은 감정의 형태로 몸에 저장되어 있다. 무려감 우울함 좌절 분노, 이 모든 감정은 긍정적인 욕구와 맞닿아 있다. 따라서 감정의 이유를 아는 것은 나의 욕망을 아는 것과 같다.

    이 긍정적인 욕구가 채워지지 않는 경우, 스스로에 대한 죄책감과 계속되는 두려움, 불편한 감정들이 내면에 매복해 있게 된다. 그러다가 유사한 환경을 만나면 수면 위로 떠오른다. 기억과 연관된 생각들이 꼬리를 물고 일어난다. 감정이 산불처럼 번지기도 한다.

　아래의 감정일람표(감정그래프)를 보고 6개의 기본감정과 각각의 세부감정들을 복습해보자. 그리고 그 6개의 기본감정에 따른 감정리폼 케이스들을 살펴보자.

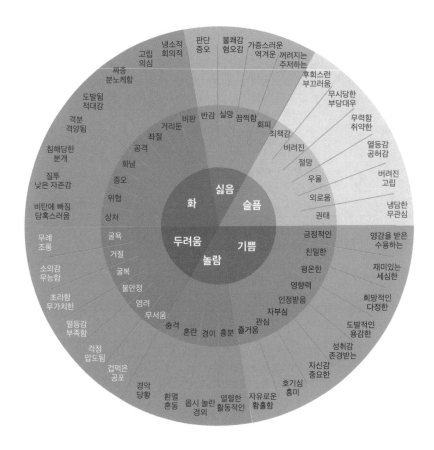

출처: 데이비드 크루소, 예일대학 | 디자인: 김현숙 | 번역: 김민영

[첫 번째 감정: 두려움] 거절에 대한 두려움을 뚝심과 강단으로 리폼하다.

현재 상황: 서로의 역할과 책임이 분명하지 않아서 업무를 제대로 파악하지 못하고 있다. 관리자에게 물어볼 용기도 없고 그럴 수 있는 상황도 아니다. 거절당할지도 모른다는 생각 때문에 두렵고, 상대의 무례함이 나를 상처입힐까 봐 두렵다.

사례	관찰	정리
Recognizing emotion 감정 확인하기	현재 무슨 감정이 떠오르는가? 거절당할까 봐 두렵다. 몹시 다운된다	
Empathizing emotion 감정의 느낌을 공감하기	그 감정을 가슴으로 느낄 때 몸의 반응을 20초 관찰해보자. 몸의 반응은 어떤가? 온 몸의 세포가 쪼그라드는 느낌이다. 심장도 쪼그라져 웅크리고 있다	
Finding the reason of emotion 감정의 이유를 알아차리기	그 감정이 올라온 이유는 무엇인가? 조직에 잘 적응하고 싶었다. 그래서 역할과 책임이 빨리 확정되기를 원했다. 그러나 거절당할까 봐 두려워서 마음속으로만 외칠 뿐. 결국 입밖에 내지 못하고 모래 속에 얼굴을 파묻는다.	
Observing the pattern 감정에 반응하는 습관의 작동방식 관찰하기	그 감정이 올라올 때 패턴화된 생각과 행동은 무엇인가? 관리자를 기피한다. 관리자에 대해 불평하고 험담한다. 나의 무능함을 자책한다. 술자리에서 풀고 귀가한다.	

사례	관찰	정리
Realizing hunger of emotion 감정이 진정으로 원하는 것 알아차리기	진정으로 원하는 것은? 대화를 잘하고 싶다. 조직사회에 잘 적응하고 인정받고 싶다. 내 역할과 가치를 제대로 이해받고 싶다. 내 성과를 당당하게 평가받고 싶다. 원하는 것이 이루어진 모습을 상상해보라. 진정 원하는 것을 이루어가는 자신은 어떤 모습인가? 중요한 일을 뚝심 있게 밀어붙인다. 남들의 눈치를 보지 않고 평온하다.	
Magnetizing reformed emotion & new option 리폼된 감정으로 새로운 대안 끌어당기기	그 모습을 상상하면 어떤 새로운 감정이 떠오르는가? 두려움이나 수치심을 느끼지 않는다. 담대하고 편안하다. 리폼된 감정으로 새롭게 떠오르는 생각과 감정은? 조직에서 인정받고 싶은 마음을 숨기지 않고 잘 표현한다. 먼저 인사말이라도 시작하는 능동적인 태도를 갖는다.	

[두 번째 감정: 화(분노)] 분노를 리폼하여 즐겁고 진취적으로 일하기 시작하다.

주변 상황과 사람들과의 관계 때문에 문제가 발생했다. 계획했던 대로 일이 진행되지 않고 있다. 늘 미루다 보니 스케줄도 엉망이다.

사례	관찰	정리
Recognizing emotion 감정 확인하기	현재 무슨 감정이 떠오르는가? 짜증이 밀려온다. 분노의 감정이다	
Empathizing emotion 감정의 느낌을 공감하기	그 감정을 가슴으로 느낄 때 몸의 반응을 10~20초 관찰해 보자. 몸의 반응은 어떤가? 가슴에서 불이 타는 느낌이다. 머리 위로 뜨거운 기운이 기어오르는 느낌이다.	

Finding the reason of emotion 감정의 이유를 알아차리기	그 감정이 올라온 이유는 무엇인가? 일도 중요하지만 일상의 소소한 기쁨을 누리는 게 더 중요한데, 주변 환경과 사람들이 이를 방해한다. 내 일상이 누군가에 의해 침해당하고 있다는 생각에 짜증스럽다.
Observing the pattern 감정에 반응하는 습관의 작동방식 관찰하기	그 감정이 올라올 때 패턴화된 생각과 행동은 무엇인가? 상황을 빠르게 판단한다. 버럭 소리를 지른다. 좋아하는 커피를 마시며 안정을 취한다. 나 자신을 달랜다.
Realizing hunger of emotion 감정이 진정으로 원하는 것 알아차리기	진정으로 원하는 것은? 계획대로 일을 진행하고 싶다. 소확행의 삶을 즐기고 싶다. 원하는 것이 이루어진 모습을 상상해보라. 진정 원하는 것을 이루어가는 자신은 어떤 모습인가? 내가 소중히 여기는 일을 방해받지 않고 실천하는 즐거운 모습이다. 방해받지 않고 평온하다.
Magnetizing reformed emotion & new option 리폼된 감정으로 새로운 대안 끌어당기기	그 모습을 상상하면 어떤 새로운 감정이 떠오르는가? 나의 삶이 소중하게 인정받는다. 중요한 사람으로 여겨지므로 자부심을 느낀다. 리폼된 감정으로 새롭게 떠오르는 생각과 감정은? 주변 사람들이 약속을 지키지 않는다고 해서 비난하지 않을 것이다. 나만을 위한 스케줄을 만들고, 스케줄에 따라 주체적으로 일할 것이다. 결과에 대한 피드백을 체크하는 대신 진행과정을 체크할 것이다.

[세 번째 감정: 싫음] 직장상사에 대한 증오와 불쾌감을 긍정적으로 리폼하다.

직원들과 사이가 나쁜 상사 때문에 불안하다. 매일 오전 미팅은 그 상사에게 질책당하는 시간이다. 부하들에게 칭찬할 요소가 많은데도 질책만 한다.

사례	관찰	정리
Recognizing emotion 지금의 감정을 확인하기	현재 무슨 감정이 떠오르는가? 불안하고 두렵다. 불편하다.	
Empathizing emotion 감정의 느낌을 공감하기	그 감정을 가슴으로 느낄 때의 몸의 반응을 10~20초관찰해보자. 몸의 반응은 어떤가? 잔잔한 평화가 쨍그랑하고 깨지는 듯한 불협화음이 들린다. 쪼그라든다. 몸 전체로 우울함이 퍼진다.	
Finding the reason of emotion 감정의 이유를 이해하기	그 감정이 올라온 이유는 무엇인가? 상사의 질책이 나를 향할까 봐 불안하다. 아직은 아니지만 나에게도 피해가 올 것 같다. 상사에게 거리감이 느껴진다. 사무적으로 대할 수밖에 없다.	
Observing the pattern 감정에 반응하는 습관의 작동방식 관찰하기	그 감정이 올라올 때 패턴화된 생각과 행동은 무엇인가? 나의 나약함 때문에 회사생활이 싫어진다. 다른 일을 찾는다. 상사의 태도가 전근대적이라고 비난한다.	

Realizing hunger of emotion 감정이 진정으로 원하는 것 알아차리기	진정으로 원하는 것은? 상사와 신뢰관계를 형성하여 재미있는 회사생활을 하고 싶다. 원하는 것이 이루어진 모습을 상상해보라. 진정 원하는 것을 이루어가는 자신은 어떤 모습인가? 관계를 소중하게 생각하는 나의 재능을 발휘하여 사람들과 친밀한 관계를 쌓아가고 있다. 내가 분위기 메이커 역할을 하고 있다. 상사가 질책보다 칭찬을 많이 하는 모습이 떠오른다.	
Magnetizing reformed emotion & new option 리폼 된 감정으로 새로운 대안 끌어 당기기	그 모습을 상상하면 어떤 새로운 감정이 떠오르는가? 긍정적인 감정이 느껴진다. 오전 회의에서 수용적인 태도를 취하는 모습이 느껴진다. 리폼된 감정으로 새롭게 떠오르는 생각과 감정은? 심호흡을 하면서 좋은 생각과 좋은 사람들을 떠올린다. 기지개를 켜서 몸을 확장시킨다. 입꼬리를 씩 올려 보고, 미소를 지어 본다.	

[네 번째 감정: 슬픔] 아버지에 대한 무력감과 절망감을 친밀감으로 리폼하다.

완고한 아버지의 결정을 따를 수 밖에 없는 상황이 몹시 좌절스럽다. 결혼 후에 부모님을 챙겨드리고 싶지만 아버지가 하지 말라고 하신다. 아버지에게 아무 말도 못 하는 어머니를 보면 무력감을 느낀다.

사례	관찰	정리
Recognizing emotion 감정 확인하기	현재 무슨 감정이 떠오르는가? 무력하고 절망적이다.	
Empathizing emotion 감정의 느낌을 공감하기	그 감정을 가슴으로 느낄 때의 몸의 반응을 10~20초 관찰해보자 몸의 반응은 어떤가? 가슴 전체를 누르는 느낌이다. 숨쉬는 것이 자연스럽지 않다. 숨을 시원하게 쉴 수 없다.	
Finding the reason of motion 감정의 이유를 이해하기	그 감정이 올라온 이유는 무엇인가? 어머니가 병원에 잠시 입원했다가 퇴원하셨다. 그래서 찾아뵈려고 했는데, 아버지가 올 필요 없다고 강력하게 말씀하셨다. 아버지의 완고함이 야속하고 원망스러웠다.	
Observing the pattern 감정에 반응하는 습관의 작동방식 관찰하기	그 감정이 올라올 때 패턴화된 생각과 행동은 무엇인가? 아버지가 가정에 끼친 완고한 태도로 야기한 정서적인 영향을 떠올린다. 하지만 나 역시도 내 가정에 그 에너지를 퍼뜨리고 있다. 그것이 인생인가 생각하고 포기한다.	
Realizing hunger of emotion 감정이 진정으로 원하는 것 알아차리기	진정으로 원하는 것은? 부모님을 찾아뵙고 효도하고 싶다. 자녀들에게도 본보기를 보여주고 싶다. 원하는 것이 이루어진 모습을 상상해보라. 진정 원하는 것을 이루어가는 자신은 어떤 모습인가? 어려운 삶 속에서도 자식에게 최선을 다하신 부모님을 본받은 모습이다. 나의 자녀들에게 긍정적인 유산을 남긴 부모의 모습이다.	
Magnetizing reformed emotion & new option 리폼된 감정으로 새로운 대안 끌어당기기	그 모습을 상상하면 어떤 새로운 감정이 떠오르는가? 절망에서 희망을 느낀다. 가족에 대한 친밀감을 느낀다. 리폼된 감정으로 새롭게 떠오르는 생각과 감정은? 모든 일에 최선을 다하는 나를 만날 수 있어서 뿌듯하다. 일도 가정도 잘 보살피며 최선을 다할 때 행복을 느낀다. 아버지가 아니라 내 가족의 미래를 생각한다. 그러면 나의 에너지가 달라진다. 아버지에 대한 관점과 시각이 개선되었다. 아버지가 오지 말라고 하셔도 편안한 마음으로 찾아뵐 수 있을 것 같다.	

[다섯 번째 감정: 놀람] 혼란과 환멸을 생동감과 관심으로 리폼하다.

반복되는 실수를 자꾸 저지른다. 남들처럼 대리 달고 열심히 달리고 싶은데…. 나를 옥죄는 상사의 업무 스타일 때문이다. 한 번에 속사포로 업무지시하고 바람과 함께 사라지는 팀장, 지시도 없이 알아서 하기를 바라고 자리를 떠 버리는 과장은 내가 일하는 스타일과 너무 다르다.

나는 문서로 확인된 업무지시를 실행하는 것이 편안한데 상사들은 그렇지 않기 때문이다. 이로 인해서 나의 실수가 이어지고 있다. 매일매일 이 혼돈의 연속이다.

사례	관찰	정리
Recognizing emotion 감정 확인하기	현재 무슨 감정이 떠오르는가? 환멸감이 든다. 혼란스럽다.	
Empathizing emotion 감정의 느낌을 공감하기	그 감정을 가슴으로 느낄 때의 몸의 반응을 10~20초 관찰해보자. 몸의 반응은 어떤가? 쥐구멍에 숨어서 고양이를 훔쳐보는 쥐 같은 심정이다. 숨쉬기가 힘들다.	
Finding the reason of emotion 감정의 이유를 이해하기	그 감정이 올라온 이유는 무엇인가? 소통하지 못하는 무력감에 짓눌려 있다. 당황스럽다. 불편하다. 철벽을 치는 상사들에게 환멸을 느낀다.	

Observing the pattern 감정에 반응하는 습관의 작동방식 관찰하기	그 감정이 올라올 때의 패턴화된 생각과 행동은 무엇인가? 친구에게 상사 험담을 한다. 나는 왜 이럴까 하는 고민에 빠진다. 고민을 하다 보니 두통이 온다. 그러면 분위기를 전환할 수 있는 다른 일을 찾는다. 커피숍에 멍하니 앉아서 시간을 보낸다.	
Realizing hunger of emotion 감정이 진정으로 원하는 것 알아차리기	진정으로 원하는 것은? 서로의 다름을 인정하는 역량을 갖고 싶다. 상대의 말에 진심으로 귀를 기울이고 싶다. 원하는 것이 이루어진 모습을 상상해보라. 진정 원하는 것을 이루어가는 자신은 어떤 모습인가? 깊고 캄캄한 우물밖으로 나와서 기지개를 켜는 모습이다.	
Magnetizing reformed emotion & new option 리폼된 감정으로 새로운 대안 끌어당기기	그 모습을 상상하면 어떤 새로운 감정이 떠오르는가? 생동감과 타인에 대한 관심이 떠오른다. 리폼된 감정으로 새롭게 떠오르는 생각과 감정은? 끊임없이 발생하는 실수의 원인에 대한 적극적인 분석. 상사의 얼굴을 열린 마음으로 직면한다. 경청한다. 나는 개구리가 아니라고 외친다.	

[여섯 번째 감정: 기쁨] 기쁨을 느끼는 데에도 요령이 있다.

기쁨은 있는 그대로 느끼면 된다. 하지만 지나치게 기뻐하는 것은 좋지 않다. 지금 하는 일에 집중하기 힘들어지기 때문이다.

기쁜 감정이 발생하면 그 감정을 축하해주자. 그리고 다시 현재에 집중하자. 일상생활과 생업에 몰입할 수 있도록 평온한 감정으로 돌아가자. 그러면 최선의 노력을 경주하여 최고의 결과를 얻을 수 있을 것이다.

감정긴폼과 함께 사용할 수 있는 도구들

문제는 해결하기 위해 있는 것이지 낙담하기 위해 있는 게 아니다.
감정의 에너지를 솔루션을 위한 호르몬과 화학물질을 분비하도록
사용해야 한다.

— 브루스 립튼, 분자생물학교수 「신념의 생물학」저자

제5장

좋은 에너지를
몸 안에 담아두는
LOCK & LOCK

　　감정리폼을 통해서 의식의 브릿지에 올라섰다면, 그 다음으로 해야할 일은 자신의 신념이 무엇인지를 아는 것이다. 원하지 않는 경험이 반복되고 강화되면, 그 생각은 강력한 신념으로 자리잡는다. 이렇게 형성된 신념은 내가 원하는 가치대로 살아가지 못하게 방해한다. 이와 같이 마음속 깊이 뿌리내린 신념을 알아채고, 그것을 바꿀 수 있다는 사실을 깨닫는 것만으로 인생이 바뀔 수 있다.

신념리폼

어릴 적부터 심어진 신념과 습관이 우리의 삶에 영향을 미치고 있다는 것을 알고 있는가? 이러한 신념들은 마음속 깊은 곳에 있는 '잠재의식의 암실'에 숨겨져 있다. 가문과 가족이 지켜온 신념은 어머니의 뱃속에 있을 때, 즉 우리가 의식하기도 전에 우리의 숙명이 된다. 그렇기 때문에 자신의 생각을 주의깊게 관찰해야 한다. 그리고 자유의지를 끌어올려야 한다.

우리의 두려움은 우리로 하여금 어떤 사실을 믿게 만들 뿐만 아니라, 우리가 두려워하는 바로 그것을 만들어내라고 충동질한다. 예를 들어 '나는 논리가 부족해서 설득을 잘 못해.'라는 신념을 가진 사람은 실제로도 다른 사람들을 잘 설득하지 못한다.

어떤 생각을 반복하면 신념이 되고, 그 신념은 현실로 나타난다. 따라서 내가 원하는 현실을 만들어내기 위해서는 마음부터 바뀌어야 한다. 삶의 여러 영역에서 조화로운 풍요를 누리기 위해서는 잠재의식부터 그렇게 만들어야 한다는 말이다. 잠재의식의 암실에서는 병의 치유도, 부의 창출도, 관계 회복도, 커리어의 성장도 얼마든지 가능하다. 따라서 잠재의식으로 들어가는 방법과 신념을 바꾸는 방법을 모두 알아야 한다.

삶에서 발생하는 고통이나 상처는 데칼코마니의 감정인 '사랑'을 활성화시킨다. 이때 자유의지를 발휘하면 운명을 재창조할 수 있다. 나의 길을 가로막아왔던 신념이 역설적으로 자유의지를 발휘하게 해주는 셈이다.

웰빙(Well-Being)을 위한 신념

우리는 풍요로운 삶을 살아갈 권리를 창조주로부터 부여받았다. 이것은 과학적으로도 입증된 사실이다.

생각이 곧 자신이 된다는 사실은 심리학, 뇌과학, 그리고 양자물리학도 증명하고 있다. 그러나 현대과학이 발달하기 전부터 이미 널리 알려진 사실이었다. 예컨대 석가모니는 이렇게 말했다. "너는 네가 생각하는 그것이 된다(You become what you think)."

또한 성경은 이렇게 말했다. "내가 진실로 너희에게 이르노니 누구든지 이 산더러 들리어 바다에 던지우라 하며, 그 말하는 것이 이룰 줄 믿고 마음에 의심치 아니하면 그대로 되리라. 그러므로 내가 너희에게 말하노니 무엇이든지 기도하고 구하는 것은 이미 받은 줄로 믿으라 그리하면 너희에게 그대로 되리라.(마가복음 11장 23-24절)"

이와 같이 동양과 서양의 최고의 지혜가 말하는 것은 일맥 상통한다. 자기 자신과 현실을 변화시키고 싶으면 자신의 신념부터 변화시켜야 한다는 것이다.

마음의 법칙은 신념의 법칙이다. 마음이 작동하는 방식을 믿는 것이다. 신념을 갖는 대상은 반드시 감정이 수반된다. 신념이란 그렇다고 믿는 것이고, 여기에는 항상 감정이 새겨져 있다.

신념은 삶의 모든 영역에 무의식적인 영향을 미친다. 문제는 어떤 생각을 주로 하면서 살아왔는가에 있다. 신념은 오랜 기간 축적되어 생겨난 것이고, 우리는 그것이 진실이라고 맹목적으로 믿고 있다. 그 신념이 어떻게 작동되는가를 알면, 어떤 신념을 믿을지를 반드시 검토해야만 한다는 것도 알게 될 것이다. 무엇을 믿고 있는지가 우리의 현실을 결정하기 때문이다.

여러분이 변화하지 못하게 방해하는 그릇된 신념을 아래의 리스트에서 찾아보자. 그 신념이 무엇인지 알아차릴 수 있다면, 그것을 나에게 힘을 주는 신념으로 전환시키는 것도 가능하다.

쓸모 없거나 잘못된 신념을 올바른 신념이나 유익한 신념으로 전환시켜라. 그러면 내면의 진짜 힘을 발견하게 될 것이다. 그 힘을 개발하고 활용하면 삶의 모든 영역을 풍요롭게 만들 수 있다. 이것이 바로 진정한 웰빙이다.

자신의 삶을 제한하는 신념들

[공통]
- 그들은 할 수 있지만 나는 할 수 없어.
- 그들은 항상 모든 행운을 가지고 있는 것 같아요.
- 나는 (사랑, 성공, 돈, 명성 등을) 받을 자격이 없습니다.
- 나는 더 준비해야 해.
- 나는 절대로 변하지 않을 거야.
- 나는 좀 더 노력해야 한다.
- 나에게 그런 일은 결코 일어나지 않아요.
- 나의 필요를 다른 사람들보다 우선시하면 안 될 것 같아요.
- 난 무엇을 원하는지 잘 몰라요.
- 난 충분치 않아요.
- 발버둥쳐도 상황은 변하지 않아.

- 세상은 결코 나를 위해 돌아가지 않아

- 시간이 부족해요.

- 그 일이 아직 일어나지 않았다면, 앞으로도 그럴 거에요. (일어나지 않을 거예요.)

- 어디서부터 시작해야 좋을지 모르겠어요.

- 항상 나만 힘들고 다른 사람은 쉽게 가는 것 같아요.

- 이런 부정적인 일은 항상 나에게 일어난다.

- 잘 안되면 어떡하지?

- 제대로 하고 싶으면 직접 해야 한다.

- 좋은 일이 일어나지만 결코 지속되지 않는다.

[건강]

- 나는 결코 체중을 줄일 것 같지 않다.

- 내가 건강에 대해서 할 수 있는 일은 없어.

- 나이들어 가면서 여기저기 아픈 곳이 많아질 거야.

- 건강을 챙기며 살아갈 시간이 없어.

- 적당히 해야지. 너무 잘하려고 하면 건강을 해친다.

- 먹고 살기도 바쁜데 건강을 우선순위에 둘 순 없어.

[관계]

- 거절당하면 어떡하지?

- 그가 변하기 전까지는 행복해질 수 없다.

- 그들에게 이런 이야기를 하면 안돼.

- 나는 많은 사람들에게 의지할 수 없다.

- 나는 사교적이지 않다.

- 내 잘못이예요.

- 내가 정말 좋아하는 것을 추구하면, 관계가 어려워질 거야.

- 사람들을 신뢰할 수 없어요.

- 내 진면목을 알면 사람들이 나를 싫어할 거야.

- 행동을 취하기 전에 다른 사람들의 생각을 알아야 한다.

- 혼자서 외롭게 끝내겠지.

[커리어]

- 구직이 어렵다.

- 그 일을 어떻게 할지 모른다.

- 그들은 나보다 잘해.

- 그들의 성공에는 이유가 있지만 그들의 삶을 원하지는 않는다.

- 나는 잘나지도, 똑똑하지도 않고 재능도 재미도 없어요.

- 나는 창의적이지 않다.

- 너무 나이가 많아서, 혹은 너무 적어서 안돼요.

- 내가 그 일을 하기에는 너무 늦었어요.

- 딱 맞는 기술이 없어요.

- 여성에게 똑같은 기회가 있는 건 아니에요.

- 직업을 바꿀 수 없는 시기야. 너무 위험하다.

[비즈니스]

- 경제가 나쁘다.

- 나는 그저 운이 없어요.

- 나에겐 자원이 부족합니다.

- 내 사업을 시작하는 것은 위험하다.

- 더 욕심부리면 안돼.

- 돈 버는 일을 잘 못한다.

- 돈은 불행의 씨앗이다.

- 돈을 이 정도는 벌어야 행복이라고 할 수 있을 거야.

- 새로운 사업을 시작하기에 적절한 시기는 아니다.

- 그런 건 이미 존재합니다. 새롭게 추가할 만한 것이 업습니다.

- 자본이 없어요.

- 좋아하는 일을 하면서 생계를 꾸려갈 수는 없다.

- 내가 돈에 대해서 할 수 있는 일은 없어.

오랜 세월 동안 믿어온 신념을 바꾸는 것은 아주 힘들다. 이를 위해서는 내적 변혁을 일으키는 파워풀한 스킬이 필요하다. 신념전환의 스킬을 소개하기 전에 신념의 전환을 통해 가능성을 받아들여서 새로운 인생을 살고 있는 고객과의 대화를 소개한다.

노력하는 자세로 모든 일을 대하는 B씨는 때때로 무력감을 이겨내지 못한다. 이러다가 번아웃이 올까 봐 두렵다. 코칭 과정에서 발견하게 된 B씨의 뿌리 깊은 신념은 '다른 사람들이 나보다 잘해.' 였다. 그는 이 신념 때문에 열등감과 무력감을 느껴왔다.

대학입시나 승진의 과정에서 뛰어난 사람들을 볼 때마다 그 신념이 사실로 느껴졌다. 자신이 원하는 것에 도전하려 할 때마다 그 생각에 발목을 잡혔다. 그래서 시도하기도 전에 쉽게 포기했다. 그런 자신의 모습에 진절머리가 났다.

B씨 스스로가 자신을 얽매어 왔다. 자신의 앞길에 장애물을 세워온 것이다. 그는 이 사실을 발견하고 새로운 신념을 찾아냈다. 남들이 잘하는 방식이 아니라 자신만의 방식으로 능력을 발휘하기로 마음먹은 것이다. 즉 '나는 내 방식으로 유능하다.'라는 신념이 확신과 자신감을 불어넣어준 것이다.

A(코치) : '다른 사람들이 나보다 잘해.' 라는 신념은 언제 처음 생겼나요?

B(고객) : 대학입시에서 크게 좌절했을 때였어요. 그리고 입사 때도, 승진 때도 늘 나보다 잘 하는 사람들이 있었어요.

A : 대학입시에 단번에 합격한 사람들과 나보다 먼저 승진한 사람들은 모두 나보다 낫다고 생각하셨군요?

B : 네 그게 사실이었으니까요.

A : 지금도 사실인가요?

B : 음… 늘 그렇지는 않지요. 제가 잘하는 경우도 있어요.

A : 그러면 지금 사실은 것은 무엇인가요?

B : 그들이 나보다 잘하는 부분이 있으니까, 그들의 방식으로는 경쟁하면 안 된다는 거요. 그럴 필요도 없고요. 그래서 그들과 다른 방식으로 유능해지는 데에 집중해 왔어요.

A : 지금 자신이 느끼는 새로운 신념은 무엇인가요?

B : 나는 나만의 새로운 방법으로 유능해진다.

A : 나는 새로운 방법으로 유능해진다!

방금 말씀하신 새로운 생각에서 처음의 생각과는 다른 에너지가 느껴지는데요, 왼쪽 손바닥 위에 이전의 신념인 '그들은 나보다 잘해' 를 올려놓고, 오른쪽 손바닥 위에는 '나는 새로운 방법으로 유능해진다.'를 올려놓은 다음에 소리내어 말해 보세요. "그들은 그들 방식으로 나보다 잘하고, 나는 내 방식으로 그들보다 잘한다." 라고요.

B : '그들은 그들 방식으로 나보다 잘하고, 나는 그들과는 다른 새로운 방식으로 유능해진다.'

A : 지금 기분이 어떠신가요?

B : 해야 할 일을 앞에 두고 핑계를 대지 않는 나, 미리 포기하지 않는 나, 무슨 일이든지 내 방식대로 즐겁게 해나가는 내 모습이 떠오릅니다. 내 방식으로 유능한 사람이라는 말이 나를 자유롭게 만들었어요.

A : 자유와 자신감을 주는 새로운 신념을 깨달은 자기 자신을 어떻게 축하해 주시겠어요?

B : '그들은 그들 방식으로 유능하고, 나는 그들과는 다른 새로운 방식으로 유능해진다!' 저는 이 신념을 신선한 공기처럼 늘 들이마시고 싶습니다.

이제 독자 여러분도 코칭 대화 7단계의 안내문을 이용해서 신념을 전환하는 대화를 스스로 해보자. 그 과정에서 오래되고 잘못된 신념을 발견하고, 그것을 리폼할 수 있을 것이다.

[파워풀한 신념으로 전환하는 과정]

1. [자신의 삶을 제한하는 신념들] 중에서 본인에게 해당하는 5가지를 선택한다.

2. 그중에서 본인의 발전을 가로막는 제한적 신념이 무엇인지 확인한다.

   * 그 신념은 언제 처음 발생했는가? 그 신념은 사실이었는가?

   * 그 신념은 지금도 사실인가?

3. 현재 일반적으로 사실인 것은 무엇인가?

4. 그 제한적 신념에서 자신에게 힘을 실어주는 새로운 신념(생각)은 무엇인가? 그 신념을 생각하면 어떤 변화가 느껴지는가?

5. 새로운 신념을 행동으로 옮겼던 경험이 있는가?

6. 새로운 신념을 떠올린다. 이 신념이 무의식의 매커니즘에 뿌리내린다면, 그래서 습관적으로 실천할 수 있다면, 나의 삶이 어떻게 달라질 것 같은가?

7. 새로운 신념 속에서 살아가는 자신을 어떻게 축하해줄 것인가?

자신이 주로 반응하는 그릇된 신념, 미신, 공포, 협박 등이 무엇인지 깨달아야 한다. 그리고 그 잘못된 신념들을 올바른 신념으로 대체해야 한다. '잘못된'이라는 말과 '올바른'이라는 말이 자칫 이분법적으로 보일 수 있을 것이다. 그러나 여기서 말하고자 하는 것은 신념을 분별해야 한다는 것뿐이다. 자신에게 힘을 실어주지 못하는 신념인지, 자신에게 힘을 실어주는 신념인지를 구분하라는 뜻이다.

나에게 힘을 실어주는 생각을 계속하면 그 생각이 신념이 된다. 그 신념을 믿을 때 우리는 전진할 수 있고, 발전할 수 있으며, 웰빙을 누릴 수 있다.

계절이 바뀌면 우리는 옷을 갈아 입는다. 변화된 온도와 환경에 적응하기 위해서 다. 하지만 이전에 경험한 사건으로 인해 만들어진 신념은 수 년, 혹은 수십 년이 지나도록 갈아입지 못했다. 잘못된 신념이 여전히 옳다고 믿고, 그것이 자신의 삶을 운영하도록 허락해온 것이다. 그 신념 때문에 엄청난 에너지를 낭비해 왔다는 사실도 전혀 알아차리지 못했다. 게임을 시작하기도 전에 졌다고 생각한 적도 많았다.

이제부터라도 나에게 힘이 되어줄 새로운 신념들을 찾아보자. 새로운 신념으로 살아가는 자신을 발견할 때마다 응원의 메시지를 보내주자. 선택적 신념을 훈련하여 진정한 웰빙으로 다가가는 매커니즘으로 정착시켜보자.

너무 많은
스트레스가
동시에 몰려올 때

갑작스럽게 너무 크고 강한 스트레스가 몰려올 때는 감정리폼을 실행하는 것이 쉽지 않다. 그럴 때는 심호흡이 필요하다. 감정리폼을 위한 의식의 브릿지에 서기 위해서, 그리고 지금 이 순간을 느끼기 위해서다.

먼저 심장에 의식을 집중한다. 심장으로 숨을 들이쉬고 내쉬는 상상을 하며 평소보다 느리고 깊이 호흡한다.

3초 동안 들이쉬고 - 1초 동안 멈추었다가 - 3초 동안 내쉰다.

이것을 3회 반복한다. 호흡할 때는 자신에게 편안한 속도에 맞춘다.

4초 동안 들이쉬고 - 1초 동안 멈추었다가 - 4초 동안 내쉰다.

혹은 좀 더 길게,

5초 동안 들이쉬고 - 1초 동안 멈추었다가 - 5초 동안 내쉰다.

감정을 느끼되 감정의 옷은 입지 말고, 지금 자신이 느끼는 감정과 함께 있어주는 공감을 해보자. 20초 정도만 집중하면 해당 감정이 뇌로 가서 신경전달물질을 분비하지 못한다. 가슴에서 그 감정을 보듬고 안아주고 있기 때문에 머리로 가서 난리법석을 피울 필요가 없지 않겠는가! 그 결과 고통스럽고 자극적인 상황에서 벗어날 수 있게 된다. 즉각적으로 반응하는 대신에 다른 현실을 선택할 수 있는 스페이스가 생긴 것이다. 예를 들어 남편, 아이들, 시어머니가 동시에 스트레스를 줄 때도, '뚜껑이 열리는' 대신에 마음의 평정을 선택할 수 있게 된다.

의식의 브릿지에서 감정리폼의 징검다리를 지나는 자신을 관찰할 수 있다. 너무 많은 스트레스가 한꺼번에 몰려와 에너지가 고갈되고 있는 순간에 자신과 감정 사이에 거리를 둘 수 있게 된다. 지금까지 자기도 모르게 '헐크'로 변했다가 후회한 적이 몇 번이던가? 감정에 휩싸여 행동했다가 허둥지둥 주워담는 악순환을 끝내야 한다.

다행히 우리에게는 선택지가 있다. 외부의 자극에 즉각적으로 반응하기 전에 아드레날린이 과다분비되는 느낌을 알아차릴 수 있기 때문이다. 그 느낌이 느껴지는 순간, 심호흡을 통해 반응을 멈추고 감정과 반응 사이의 간극을 넓혀야 한다. 이 책에서 안내한 대로 심장에 집중하여 세 번 이상 호흡하라. 그러면 헐크가 되지 않을 것이다.

자기 자신이 스트레스에 반응하는 방식을 객관적으로 관찰할 수 있게 되면, 패턴화된 행동을 거리를 두고 바라보면서 다른 행동을 선택할 수 있게 된다. 이렇게 자동적으로 작동하는 무의식적 습관을 멈춰야만 한다. 그래야만 최선의 나, 즉 베스트 셀프(best self)를 적극적으로 개입시킬 수 있다. 그리고 진정한 자유의지를 사용할 수 있다.

그리고 자신이 꿈꾸는 미래의 자신도 좋고, 어려운 과거를 이겨낸 자랑스러운 자신도 좋다. 최고의 자신, 존경할 수 있는 자신의 모습을 마음속에 품어보자. 그리고 자주 만나자. 그러면 승자의 게임을 할 수도 있고, 힘들고 어려울 때마다 나만의 '베스트 셀프'에게 자문을 구할 수도 있다.

베스트 셀프를 협력자로 맞이한 사람은 지혜롭고 조화로운 삶을 살 수 있다. 그 방법 또한 어렵지 않다. 심장호흡을 여러 번 반복하면서 베스트 셀프를 끌어당겨보자.

불안이
몰려올 때

미래에 대한 불안과 공포가 밀려오면 어떻게 해야 할까?

　인간은 행동의 패턴, 감정의 패턴, 생각의 패턴에 따라 생각하고 행동한다. 이 패턴이 당신을 장악하지 못하도록 몇 초의 멈춤이 필요하다. 머리로 이해하고 생각하는 것으로는 패턴을 멈춰 세우기 힘들다. 이성이 아니라 감성에, 두뇌가 아니라 몸의 변화에 집중해야 한다.

　"경쟁에서 승리해야 한다.", "상대보다 내가 더 잘해야 한다.", "내 옷차림이 너무 남루한가? 나를 무시하면 어쩌지?", "나는 스펙이 너무 떨어져." 등의 생각이 드는 순간, 불안감이 온몸으로 퍼져나가기 시작한다. 그러면 뇌가 호르몬을 분비하기 시작한다. 아드레날린, 코티졸 등의 호르몬과 스트레스성 신경전달물질은 지적능력을 급감시킨다. 내가 원하는 결과에 집중할 수 없는 상태로 만드는 것이다.

이럴 때는 감정리폼을 할 여유가 없다. 엄습하는 불안 때문에 6개의 징검다리를 건너는 프로세스에 집중하지 못하기 때문이다. 이럴 때는 하던 일을 멈추고 다음과 같은 호흡을 실시한다.

2분 동안 공기를 강렬하게 코로 들이마시고 입으로 내쉬면서 호흡에 집중한다. 들이쉬기(5~7초) - 3초 멈춤 - 내쉬기(5~7초)의 간격으로, 아주 깊게 심호흡함으로써 불안을 야기하는 자동화된 생각을 차단해야 한다. 2분 동안 이와 같은 심호흡을 계속하면 호르몬이 달라진다. 불안하고 초조할 때 분비되는 타액과, 2분 동안의 강도 높은 심호흡을 한 이후의 타액의 호르몬이 다르다는 실험결과로도 알 수 있다.

호흡명상가들이 전수하는 테크닉을 좀 더 구체적으로 살펴보자. 우선 숨을 들이쉴 때 왼쪽 콧구멍에 의식을 집중한다. 몇 초 동안 호흡을 멈춘 다음, 오른쪽 뇌에 의식을 집중하면서 숨을 내쉰다. 나는 이 심호흡을 이용해서 원숭이처럼 날뛰는 생각들을 빠르게 없앨 수 있다.

이렇게 하면 불안에서 벗어난 자신을 의식의 브릿지 위에 올려놓을 수 있다. 이제야 비로소 감정리폼을 할 수 있는 상태가 된 것이다. 혼란스러운 상황에서 '멈춰(STOP)!'라고 선언하고 나서 감정리폼의 징검다리를 하나하나 건너보자.

명상이나 유산소 운동을 하면 스트레스 유발 호르몬인 코티졸 수치가 낮아진다. 명상이나 유산소 운동이 불안감을 낮추는 기전이 바로 이것이다. 불안이 사그라들면 감정리폼을 시작해보자. 습관적인 생각과 판단이 가라앉고 내면 깊은 곳에서 새로운 마음이 떠오를 것이다.

뇌와 심장이
함께하는
시각화

시각화는 꿈을 미리 그려 보는 기법이다. 정신을 집중해서 원하는 것을 손에 넣는 모습을 상상하듯 말이다. 감정리폼에서 말하는 시각화는 뇌가 상상하는 이미지를 심장에서 느끼는 것을 뜻한다. 즉, 감정과 무의식도 시각화 과정과 함께 한다.

당신이 원하던 것이 방금 이루어졌다고 가정해보자. 과연 어떤 감정이 느껴질까? 이와 같이 성취했을 때의 감정을 성취하기 전에 느끼는 것이 핵심이다. 자신이 원하는 최종 결과를 세세하게 생각할 필요는 없다.

상황이 아니라 감정을 느끼는 것이 핵심이다. 우리의 뇌는 지금 감정으로 체험하는 것을 현실로 인식하기 때문이다. 그렇기 때문에 상상의 체험은 감정이 수반된다.

지극히 행복한 감정을 기억하고 그것을 쫓아가보자. 그러면 우리의 뇌는 자동적인 순환고리를 만들어준다. 원하는 것을 간절히 기도하거나 상상하면, 뇌는 그것을 실제로 체험하고 있다고 믿고 행복한 기억을 추구하기 시작한다.

기분 좋은 과거의 기억을 되살려보고, 미래의 꿈을 떠올려보는 것만으로도 풍요로운 삶을 살아가기 위한 최고의 훈련을 하고 있다고 할 수 있는 것이다. 뇌의 지도를 새롭게 만들어가고 있는 뇌가소성(Neuroplasticity)이라는 뇌과학 이론이 바로 그것이다.

간절히 원하던 것이 이루어지는 순간 어떤 감정이 느껴질까? 당연히 기쁘고 행복하고 고마울 것이다.

언어가 유창하다면 글이나 말로 표현하고, 감각이 뛰어나면 최종결과물의 촉감을 느껴보자. 그것이 어떻게 생겼고 어떻게 움직이는지, 어떤 색상과 형체를 가지고 있는지를 상상해보라. 그 순간 어떤 소리가 들리는지, 어떤 냄새가 날지를 현실처럼 상상하라. 모든 감각을 동원하여 상상을 현실처럼 경험하고, 그에 따른 감정까지 생생하게 느끼는 것이 중요하다. 이 과정에는 놀라운 비밀이 숨어있다.

비전시각화의 놀라운 능력

비전시각화는 말 그대로 자신의 목표와 꿈, 비전(Vision)을 시각화하는 것이다. 비전시각화는 말이 아니라 손가락으로 하는 게 좋다. 비전선언문을 손가락으로 더듬듯이 새기는 것이다. 글자를 한 자 한 자 새기면서 그 의미와 결과를 느껴본다. 어떤 아이디어인지, 어떤 목표인지를 느끼면서 뇌에 새겨 넣는 것이다.

이것은 비전을 뇌에 연결시킬 때 생각과 말 이외의 감각을 이용하는 방법이다. 자신의 목표와 선언을 손가락으로 읽는다고 상상해보자. 그렇게 하면 비전이 다른 방식으로 뇌의 뉴런과 연결된다. 이것은 뇌의 신경세포를 이용해서 새로운 나를 만들어가는 과정이다.

이때 가장 중요한 것은 반복이다. 연습을 통해서 자신이 원하는 상태를 여러 차원에서 인식하는 것이다. 연습을 반복하면 내가 원하는 미래의 존재가 실제 인물처럼 느껴질 것이다. 종이 위에 작성하고 손가락으로 느끼면서 선언문을 작성해보자. 그렇게 하면 뇌의 거울신경세포가 거기에 집중할 것이다. 그리고 그와 똑같은 모습을 찾아낸다는 것이 뇌과학의 실험에서 알려주는 사실이다.

[시각화의 과정은 다음과 같이 요약될 수 있다.]

1. 편안한 자세로 심호흡한다.

2. 자신의 삶에 불러일으키고 싶은 것을 한 가지 선택한다.

3. 자신이 원하는 것을 이루었을 때 선언할 문장을 손가락으로 새긴다.

4. 창조주의 무한한 사랑과 온정에 주파수를 맞춘다.

5. 지금 이 순간, 당신이 보내는 긍정의 에너지는 가장 좋은 방법으로 당신에게 돌아온다. 왜냐하면 모든 것은 에너지의 파동을 통해서 만들어지기 때문이다. 당신의 생각과 감정의 파동이 만들어낸 것들이 현실이 될 것이다.

6. 무엇을 원하든 그렇게 되기를 희망하거나 그것을 이룰 방법을 찾아 나서지 말라. 원하는 결과를 지금 바로 느껴라. 과정을 건너뛰고 결과를 느끼는 것이다.

7. 행복에 잠긴 자기 자신에게 물어보라. "이 갈망을 실현하기 위해서는 무엇을 해야 하는가?"

인간의 에고는 항상 긍정적이고 밝은 것만 생각할 수는 없다. 이 방법을 사용하면 우리의 운명을 개척해 가는 일이 그리 어렵지만은 않을 것이다. 중요한 것은 감정을 어떻게 인식하고 경영하여 꿈을 실현하는 조력자로 만들 것인가에 있다.

● 에필로그

내면의 존재(속사람, 진정한 나)와의
딥컨텍트을 위한 감정리폼 훈련

> *"감정이 우리의 행동을 지배하는 것이 아니므로 감정에*
> *대해 아무런 대처도 할 수 없는 것이 아니다"*
>
> **알프레드 아들러**

    환경은 끊임없이 우리를 방해하고 있다. 이러한 환경을 혹자는 '운명' 내지는 '카르마'라고 부른다. 고통스런 운명에서 달아나려고 하면 오히려 카르마에 갇힌다. 운명과 자유의지는 우리의 삶에 동시에 존재하고 있기 때문이다. 이것은 모순되거나 상충되지 않는다. 빛이 입자인 동시에 파동인 것과 같이 그렇다. 만약 운명이 없다고 믿었다면, 나는 자유의지를 찾아나서지도 않았을 것이다. 그러므로 그 습관이란 카르마 안에서 자유의지를 발휘할 수 있다. 이제 나는 감정리폼이란 테크닉으로 운명과 자유의지 사이에서 거리를 두고 나를 바라볼 수 있다. 원하는 방향으로 나아갈 수 있게 해주는 힘과 자원이 내 안에 있음을 느낀다. 잔잔한 감동과 희열이 수시로 느껴진다. 고통 속에서 머물다가 감정리폼으로 깨어나기도 한다.

    다시 찾은 고요함 속에서 잔잔한 소망을 느끼며 창의적인 생각들을 실행해본다. 자동화된 습관의 패턴이 여전히 작동하고 있지만 예전과는 다르다. 무의식의 패턴을 알아차리고 인정할 수 있는 여유가 있기 때문이다. 감정리폼의 프로세스를 매일 조심스레 지나면서 저 깊은 곳에 있는 파워풀한 나란 존재와 더불어 점점 가볍고 점점 쉬운 사람으로 자유로워진다.

나는 파동이 방출하는 에너지와 주파수가 우리의 삶을 바꾼다는 과학적 원리를 직접 체험하고 있다. 내가 방출하는 에너지에 따라서 나 자신에게, 그리고 주변 사람들에게 영향을 준다는 사실을 배우고 체험하고 있기 때문이다.

우리는 모두 위대한 경영자가 될 수 있다. '무릇 다스릴 만한 것 중에서 네 자신을 다스리라.'는 말은 동서고금의 핵심적인 경영전략이라고 생각한다. 자신을 다스리는 일의 핵심은 자신의 감정경영에 있다. 언택트의 시대에 생존에 그리고 번영에 필수 역량이기도 하다. 왜냐하면 사회적거리두기가 필요한 시기에 가장 절실한 것이 바로 각자는 자신과의 밀접한 관계를 수립하는 일이라고 생각한다.

자신의 감정을 경영하는 것은 건강과 커리어, 인간관계, 그리고 비즈니스에 지대한 영향을 미친다. 내면의 감정을 경영하는 것이 인생을 경영하는 것이다. 이를 위한 구체적인 방법이 바로 감정리폼이다.

감정리폼을 연습해서 새로운 근육을 만드는 것은 각자의 몫이다. 그러나 감정리폼의 과정을 알아차리기만 해도 의미가 있다. 과거의 습관화된 패턴에 얽매이지 않을 수 있기 때문이다.

수십 년 동안 살아오면서 켜켜이 쌓인 감정을 리폼해서 그 두꺼운 껍질과 관성을 뚫고 새로운 패턴의 감정의 옷을 입을 수 있기를 바란다.

두뇌의 생각과 가슴의 감정을 리폼하면, 우리의 내면 속 깊숙이 존재하는 지혜의 빛을 느낄 수 있기 때문이다.

늘 바쁘게 돌아가는 무의식의 에고의 나, 지극히 높은 곳을 지향하는 나, 배우고 성장하기를 갈망하는 나에게 의식의 권한을 위임해보자. 그러면 흥분과 설렘 속에서 함께 노래할 수 있을 것이다. 이것을 위한 가장 좋은 스킬이 바로 감정리폼이다. 이 스킬을 꾸준히 훈련해갈때 우리는 오만가지 생각과 감정을 정리하여 원하는 것을 실현하기 위한 전략과 전술을 사용하는 능력에 집중할 수 있게 된다.

감정리폼이라는 프로세스와 책이 탄생하기까지 많은 분들의 도움을 받았다. 먼저, 문제와 해답 모두가 되어준 가족에게 감사한다. 그리고, 감정경영 워크샵에 참여한 것을 계기로 지난 6개월간 꾸준히 자신의 감정을 리폼해 온 나의 고객이자 벗, 신연경 팀장님과 김연미 본부장님에게 감사를 전한다.

아울러, 책의 초고를 먼저 읽어 주신 박창규, 윤재병, 예병일, 김은주, 양승, 정승철, 정춘화, 김정연, 손병기, 김재원, 김웅배, 이성주, 석봉준, 이정수, 안병욱, 김도형, 박선나, 여태옥, 정소기, 이강우, 이민지, 박은선, 김선영 님께도 감사를 드린다. (이상 존칭 및 직함 생략)

많은 분들이 감정리폼을 응원해 주시고, 소중한 추천사로 힘을 실어주셔서 이 책을 완성할 수 있었다. 마지막으로 창조주께 모든 공로를 돌린다. 우리의 마음 깊은 곳에 이 지혜의 마음을 심어 놓지 않으셨다면 아무 것도 가능하지 않았을 것이기 때문이다.

감정리폼을 선택한 여러분! 속사람이 지닌 강인함으로 떠나 보기를 두려워했거나, 좀처럼 가보지 않았던 내면의 여행을 담대하게 떠나기를, 그리고 그 여행이 유쾌하고 평안하기를 기대한다.

"나다움을 찾아가는 힘"

셀프헬프 시리즈

01
꿈드림
당신이 성공할 수밖에 없는 22가지 이야기 | 유형근

02
두번째 인생
인생 2막을 준비하는 한국형 하프타임 실천 전략 | 손병기

05
굿잡
직장인 성장공식 일×관계+변화÷휴식 | 이관노

04
협상의 한수
일상에서 발견하는 승부의 비밀 | 오명호

03
일상에서 발견하는
소소한 심리 이야기 | 송관

누가 저 대신 프리젠테이션 좀 해주세요
경쟁, 입찰, 수주, 제안 프레젠테이션 실사례 | 박서윤, 최홍석

07
요즘 것들
4차 산업혁명을 이끌 위대한 별종과 공존하는 기술 | 허두영

08
바른 성품
회사가 원하는 인재를 어떻게 찾을 것인가 | 이성조

06

11
당신 참 매력있다
품격을 높이는 관계의 연습 | 송인옥

10
첫 출근하는 딸에게
요즘 것들을 위한 직장생활 안내서 | 허두영

09
변화의 실행력
4차 산업혁명을 나에게 가져오는 퍼실리테이턴트십 | 서명호

어쩌다 13년째 영어학원을 하고 있습니다
영알못 원장의 학원시장에서 살아남기 | 문윤선

13
지식재산 콘서트
4차 산업혁명 시대 혁신성장의 해법 | 오세중

14
일 잘하는 사람의 업무 교과서
문제해결과 기획편 | 홍종윤

12